Heibonsha Library

論集 福沢諭吉

平凡社ライブラリー

Heibonsha Library

論集 福沢諭吉

山路愛山、丸山眞男ほか著
市村弘正編

平凡社

本著作は、一九七三年九月、りせい書房より刊行された
『論集・福沢諭吉への視点』を改題したものです。

目次

収録した文章は、以下の点以外、原則として底本どおりとした。出典は各論文末に示したが、複数に収録されている場合、底本には傍線を付した。漢字は現行の字体にし、オドリ字を開き、傍点・圏点・傍線は適宜省略した。シロテン（゜）は通常の句点（。）に変えた。適宜振り仮名を省き、また加えた。「福澤」「福沢」は後者に統一した。なお、文中［　］で括った部文は、平凡社ライブラリー版で変更した個所である。

福沢諭吉君及び其著述（他）

山路愛山

福沢諭吉君及び其著述（一）

明治五年二月より明治十年十月まで学問ノ勧メ発売高合して五十九万八百四十六部、彼れが明治の開化史に於て偉大なる影響を及ぼしたるや知るべきのみ。彼れは実に無冠の王なりき。英雄の事業一成し一敗す、維新の大立者たる西郷隆盛は城山の露と消へ残るは傷夷と国債とのみ。松菊[*1]、甲東[*2]空しく墓中に眠りて、而して門下の故吏徒らに栄ふ。而して此間に方りて白眼天下を睥睨《へいげい》せる布衣の学者は日本の人心を改造したり少くとも日本人の中に福沢宗と曰ふべき一党を形造れり。

才子論

読者の恕を乞ふ、吾人は福沢君を論ずる前に先づ才子論を試むべし。人品を拝まずして衣裳を拝むは人類の通癖なり。世の人物を論ずる者、官爵を以て論じ、位階を以て論じ、学位を以て論ずるが如きは固より言ふにも足らぬ者也、而して彼の学問を以て人を論ずる者の如きも亦多くは衣裳を拝むの類なるを如何せん。

天下の人、指を学者に屈すれば必ず井上哲次郎君[*3]を称し、必らず高橋五郎君を称す。吾人は幸にして国民之友紙上に於て二君の論争を拝見するを得たり。井上君拉甸《らてん》語、伊太利亜語、以斯班牙《いすぱにゃ》語を引証せらるれば高橋君一々其出処を論ぜらる。無学の拙者共には御両君の博学ありありと見へて何とも申上様なし。去りながら博学畢竟拝むべき者なりや否や。若しもシエーキスピーアを読まずんば戯曲の消息を解すべからずとせばシエーキスピーアは何を読んでもシエーキスピーアたりしや。若しも外国語に通ぜずんば大文豪たる能はずんば、未だ外交の開けざる国に生れたる文家は三文の価値なき者なりや否や。二君の博学は感服の至りなれども博学だけにては余り難レ有くもなし、勿論こはくもなし。然るに奇なるかな世人は此博学の人々を学者なりとてエラク思ひ、学問は二の町なれど智慧才覚ある者を才子と称して賞讃の中に貶す。是豈衣裳を拝んで人品を忘るる者に非ずや。

才子なるかな、才子なるかな、吾人は真の才子に与する者也。

吾人の所謂才子とは何ぞや。智慧《ウィズドム》を有する人也。智慧とは何ぞや、内より発する者也、外より来る者に非る也。事物の真に達する者なり、其表面を瞥見するに止る者に非る也。自己の者也、他人の者に非る也。智慧を有する人に非んば世を動かす能はざる也、智慧を有する人に非んば人を教ふる能はざる也。更に之を詳に曰へば智慧とは実地と理想とを合する者なり、経験と学問とを結ぶ者なり、坐して言ふべく起つて行ふべき者なり。之なくんば尊ぶに足らざる也。

吾人の人を評する唯正に彼の智慧如何と尋ぬべきのみ、たとひ深遠なる哲理を論ずるも、彼れの哲理に非ずして、書籍上の哲理ならば、何ぞ深く敬するに足らんや。たとひ美を論じ高を説くも其人にして美を愛し、高を愛するに非んば何ぞ一顧を価せんや。自ら得る所なくして漫りに人の言を借る、彼れの議論奚《いづくん》ぞ光焔あり精采あるを得んや。博士、学士雲の如くにして、其言聴くに足る者少なきは何ぞや。是れ其学自得する所なく、中より発せざれば也。彼等が唯物論として之を説くのみ、未だ嘗て自ら之を身に躰せざる也。故に唯物論者の経験すべき苦痛、寂寥、失望を味はざる也。彼等が憲法を説くや亦唯憲法として之を説くのみ、未だ嘗て憲法国の民として之を論ぜざる也、故に其言人の同感を引くに足らざるなり。彼等の議論は彼等の経験より来らざる也、彼等の智識は彼等の物とはならざる也。

明治の文学史は我所謂才子に負ふ所多くして彼の学者先生は却つて為す所なきは之が為なり。

事実の中に活くる者

吾人をして福沢翁に返らしめよ。吾人は彼れの事実の中に棲む人なるを知る。翁の書を読みもて行けば恰《あたか》も翁に伴うて明治歴史の旅行を為すが如し、漢語まじりの難解文を作り臂を振つて威張りし愚人も、チョン髷を戴きて頑固な理屈を言ひ、旧幕時代を慕つて明治の文明を悪む時勢後れの老人も、若しくは算盤を携へて、開港場に奔走する商人も、市場、田舎、店舗、学校、渾《すべ》ての光景は我眼前に躍如として恰も写真の如くに映ず。翁は真個に事実中に活くるの人也。嗚呼是れ古今文学上の英傑に欠くべからざる一特質なり。時世を教へ、時勢を動かすの人は皆是れ、時勢を解するの人也。（明二六・三・二六）

福沢諭吉君及び其著述（二）

曰く学問の勧め、曰く文明論概略、曰く民間経済論、曰く時事小言、福沢君の著述が如何計り世間を動《うごか》したるよ。吾人の郷里に在るや、嘗て君の世界国尽しを読んで始めて世界の大勢を知りたりき。「天は人の上に人を造らず」の一語が如何に深く日本青年の脳裏に喰込みしよ。楠公の忠節は権助の首くくりの如してふ議論が如何に世論を沸騰せしめしよ。而して慶応義塾派の一隊が如何計り社会に勢力たりしよ。

毀誉褒貶の極めて多きは其人の尋常ならざるを証する者也。「ホラを福沢、嘘を諭吉」てふ嘲罵が彼れの上に蒙りしより以来今日に至るまで或は大俗人の如く、或は自利一辺の小人の如く、或は大山師の如く、種々様々の論評は彼に向けられしかども、槲樹《こくじゅ》は瘠地にも根を深くし、雨にも風にも恐れずして漸く天を突くの勢を為せり。一是一非の間に彼れは発達して明治の大家となれり。中村敬宇氏が元老院に死し西周、神田孝平の諸先生が音も香もなくなりし時代に於て、言換れば明治の文運が新時代を生じたる今日に於て彼れは猶文界の巨人として残れり。時事新報は今日も猶彼れの議論を掲げて天下に紹介せり。彼れの論ずる所は雑駁にせよ、堅硬《スタビリチイ》を欠くにせよ其混々たる脳の泉は今日に至るまで猶流れて涸るることなし、是豈驚異すべきに非ずや。

吾人の彼れに敬服する所は彼れが何処までも「平民」として世に立てること是也。彼れは真個にミストル、フクザハを以て満足する者也。彼れは自ら其職分を知れり、自ら其技能を知れり。人間の貴きは必しも冠冕に在らざることを知れり。彼れは衣貌を以て、官爵を以て人に誇る者に在らず、自己の品位は即ち自己に在ることを知れり。彼れは斯《か》くの如くにして世を渡れり、斯《かく》の如くにして自ら律し、併せて世を教へたり。明治の時代に平民的摸範を与へたる者、己れの生涯を以て平民主義を解釈したる者は彼れに非ずして何ぞや。

而して吾人の彼れに敬服する第二の点は其事務家的の能力是也。所謂幹事の才なる者は蓋し彼に於て始めて見るべし。之を聞く彼れの時事新報を書くや些少の誤字をも注意して更正すること太だ綿密なりと。吾人は嘗て彼の原稿なるものを見しことあり、其改刪の処は必らず墨黒々と塗抹して刪りたる字躰の毫も見へざる様にし、絶へて尋常書生の粗鹵なるが如くならず。嗚呼是れ彼れが成功の大原因に非ずや、彼れは何事も真面目なり。其軽妙婉転たる文章も本是れ百錬千鍛の裏に出で来る也。彼れは刻苦する人也。ペインス、テーキングの人也。誠実なる人也。其眼に一種の威厳ありて其口の一字を書せるが如く締りたるは明かに彼れの人物を示せる者也。

文学者としての福沢諭吉君

（一）平民的文学、学問の勧めが世の中に歓迎せらるる頃は文学は平民的ならざる可らずてふ思想は一般の風潮なりしが如し、明六社中の論文も、岸田吟香氏[*4]の新聞も東京日々新聞の如きも皆殆んど言文一致の躰裁を以て書かれたり。「ナント熊公堂だへ「時に旧平さんと云へるが如き冒頭を以て誰れにも読まるる如く書かれたる者多かりき。此点に於ては当時の識者は今日の文人に勝れりと曰ふべし。文は達意を旨とする者也、最も簡易にして誰れにも通ずるを善しとすとは当時に於て何人も首肯する所なりき。

而して福沢氏の文章は当時より今日に至るまで毫も其躰裁を改めず、何人にも解し易きのみならず、読み去りて一種の味《あぢはひ》あり、極めて俗なれども厭くことなく、人をして覚へず巻を終へしむ、夫の蓮如の「御文章」は彼れが理想の文学なりと聞きつれども彼れの文は単に文のみとして論ずるも蓮如に勝ること数等也を云ふべし。

（二）自得する所あり、彼れが文章に斯の如く一種の味ある所以は何ぞや。彼れは其語る所に於て自得する所あれば也。彼れは固より深遠なる哲学を有せざるべし、天地の表彰《シンボル》を通じて神霊を見るが如き超越《トランセンデンタル》的の直覚を有せざるべしと雖も、彼れはたしかに人生てふ経験を有せり。彼れは社会、政治、経済、人情を貫通する数条の道理を理会せり。故に之を語るや、即ち自家嚢中の物を出すなり。彼れは飜訳的に語らざる也、代言的に語らざる也。直ちに自家の胸臆を語る、故に其言自ら快聴すべき也。（明二六・四・九）

福沢諭吉君

彼の天職《ミッシヨン》

鳧《けり》短く鶴長し、柳は緑、花は紅、人豈《あに》吾と同《おな》ふすべけんや。此星の栄は彼の星の栄に異なり。福沢君の天職は日本の人心に実際的応用的の処世術を教ふるに在り。怜悧《れいり》なる商人を作り、敏捷なる官吏を作り、寛厚にして利に聡《さと》き地主を造くるに在り。彼は常に地上を歩めり、彼れは常に尋常人の行く所を行けり。彼は常に平直なる日本人民《ジヤパン、シチーズン》の摸範を作らんとなしつつあり。封建破れて、昨夢未だ覚めず。新しき世界に古き精神を逗めたる明治の初年に方りては、彼の喝破せし此主義が如何に開化党に歓迎せられて守旧党に驚愕せられたるよ。彼れが一方には神の如く一方には悪魔の如く眺められたる者は之れに因るのみ。然れども駸々《しんしん》たる時勢の潮流は日々に彼れの党派を加へ来りて、天下の幾分は殆んど福沢的に化するに至れり。彼れは其天職を畢へしなり。

彼れは党派の首領のみ、国民の嚮導者には非らず。

然れども彼れは一党派の首領のみ、国民の嚮導者には非る也。何となれば、彼れは其一身に於て日本国民が要求する渾《すべ》ての者を代表せざれば也。請ふ見よ、彼れの弟子等が往々にして唯物的（哲学に於てに非ず、実行に於て也）に流るるを、福沢流の才子と称せらるる人物が稍もすれば唯生活を善くするの一事を以て其最終の目的となすことを。人若し金を積んで郷里に居り、時に金を散じて人を恵み、橋を架し、道を作り、小恵小善を行ふを以て足れりとせば、福沢君は実に天下最第一の師たらん。然れども世は唯小善の人を以て治むべからず、尋常平凡の人物より成立ちし共和政治は最も卑陋なる者なり、是故に世は英雄崇拝を要す。而して福沢君は之を教へざる也。人は唯善く生活するを以て満足する者に非ず、人の心の深き所には温飽《おんはう》に満足せざるものを有す。是故に世は宗教を要す、此故に世は哲学を要す、而して福沢君は之を教へざる也、是皆天下の最大要求也。而して彼れは冷眼に之を見たり。是れ彼れが一派の餓鬼大将（請ふ語の不敬を許せ、猶君が所謂楠公権助のごときのみ、悪しき意味あるに非る也）たるに止りて、国民の大師たる能はざる所以也。

吾人をして正直に曰はしめば、世若し福沢君の説教をのみ聞きたらんには、此世は棲息するに足らざる者也。彼れの宗教は詮じ来れば処世の一術に過ぎず、印度の古先生が王位を棄て、妻子と絶ちて、樹下石上に露宿しながら伝《つたへ》たる寂滅の大道も、己れの生血を以て印したる基督の福音も、凡そ天下の偉人、豪傑が生命を賭して買ひたる真理も、吾人は之を粟米麻糸《ぞくべいまし》と同じく唯生活する為の具として見ざるべからず。「天は人の上に人を作らず」てふ訓言は真理の一辺にせよ、之れが為めに最も高き人品は吾人の崇拝すべきものなり、最も偉大なる摸範は吾人の畏敬すべきものなりてふ真理の他の一辺を忘却したらんには、吾人は常に碌々たる小人と伍せざるべからず。松島、宮島の美景は美なるが故に保存すべしと説かずして、日本の地は天然の美景に富むが故に、宜しく世界の楽園となして、外人の金嚢を振はしむべしと説くに至つては、是れ天然の恩恵なる清風明月も亦造銭術《アーツ・ヲフ・マネイ・メーキング》の材料たるのみ、斯の如きの逼仄なる天地、是豈人類の生活し得べき所ならんや。

幸にして世は福沢君の弟子のみに非ず、此世は猶未だ全く唯物的、懐疑的、冷笑的の世界に変ぜざる也。

（明治二六・三―五『国民新聞』所載「明治文学史」。『山路愛山史論集』。明治文学全集『山路愛山集』他）

破格論（福翁自伝を読む）

中央公論記者足下。福翁の事につき何か書き申すべき由、貴命の趣承知致候。さりながら僕唯今心忙。手忙。一分一厘の閑もなし。此文は明治三十二年、僕信濃毎日新聞社に在りし時艸したるものなり、福翁に対する信仰は今も大差なし。因て左右に呈す。若し貴紙の余白を塡むるを得ば幸甚なり。

六月十八日　　　　　　　　　渋谷に於て

一昨夕編輯を終りて帰宅したる後市中に出で、福翁自伝を購なひ早速一読したるに福沢先生の人物歴々と目に写る心地して愉快言ふべからず。近頃世間にて出版する種々の書籍多けれども大抵は二束三文の悪著述にして読めば即ち欠伸を催するものに過ぎず。窃に善書の乏しきに当惑したる処今日此面白き書籍に接したるは恰も無数の悪客に苦しめられたる後に会心の友に遇ひしが如し。読みて飽くことを知らず夜半に及んで終に其全部を終りたり。因て世間の若き人々に勧む。君等若し僻地に住んで友なく師なきことを憂ひば請ふ此書の一本を購ひて読め。日本文明先達の一人たる福沢先生は直ちに諸君が燈下の好伴侶となるべきなり。昔し韓愈は田横の墓に至り千年を隔つる古人も猶旦暮に逢ふが如しとて、恰も生きたる人に物言ふ如く、祭文を作りて之を弔ひたり。田横は韓愈と世を同ふせず。而れども千古の文章家、司馬遷の名文を以て其義烈仁侠を伝へたれば死すと雖も猶活くるが如し。故に韓愈は数百年の後に生れて猶田横の精神に感激するを得たりといふなる。まして此書は先生口頭の語を其儘速記したるものなれば、言語風采紙上に躍り出るが如し。若し机上に置きて日夕之を読まば諸君を感発するの益、決して乾燥無味の修身書を読むの比に非るべし。

　窃に思ふに先生一生の歴史は破格の二字を以て之を蔽ふべし。其少年時代に於いて門閥の制限至極窮屈にして、到底頭を擡ぐるの余地なきを慨し、コンナ処に長居は無益なりとて、長崎に遊学したるは則ち破格の始にして、訳文の漢文めきて六づかしきを嘲り、別に一種通俗自在なる文体を創めて終に福沢流の一流を立てたるは文学に於ける破格なり。滔々たる天下尽く役人となり、高位栄爵に誇りたがる世間に何処までも一個の布衣を以て居りたるは出処に於ける破格なり。世は官学の世の中にして官学の徒党にあらぬものは人にして人に非ずと云ふ程の今日に、一人の力を以て育英の任に当り、慶応義塾の学風、依然として衰へざるは教育に於ける破格なり。今代の大人豪傑尽く風流奢侈にして家庭修らず、道の辺の柳を手折り、巷の花に酔ふ中に品行方正なること古人の如く、夫唱へ婦和して一家団欒其楽悠々たるは家庭に於ける破格なり。先生の如きものは自ら信ずる所を行つて敢て世間の風潮に頓着せざるものなりといふべきなり。抑も破格といふことは何でもなき事のやうなれど豪傑の士に非れば為し得ざることなり。三味線の音色に浮かせられて躍り出すは珍らしきことならねども、儒者の寄合ひにて論語の輪講最中に、忽ち葉唄都々逸を歌つて、四角四面の座を顛すは豪傑の士か大馬鹿者に非れば出来ることに非ず。然れども世間の進歩は此破格の沙汰より始ること多し。平清盛が相国となりたるは破格の沙汰なり。而れども是よりして公家の世の中は武家の世の中となれり。法然上人が念仏往生を唱へたるは其頃の仏教に取りては破格の沙汰なり。而かれども日本の宗教革命はこれより始まれり。韓蘇の文も李杜の詩も、其頃の世にては破格の沙汰なり。而れども文運は之が為めに一変せり。福翁の一生は破格なり。而れども日本の文明は翁に負ふ所多し。日本国民若し碌々として他人の足迹を踏み、破格を以て険呑なりとする者のみならば殷鑑遠からず支那に在り。

（明治四〇・七『中央公論』二二〇号）

新聞記者としての福沢諭吉翁

鳥谷部春汀

福沢諭吉翁の教育家たるは世既に定論あり。余も亦翁が教育に於ける成功の偉大なるを認む。然れども翁は新聞記者として寧ろ適当なる資質と伎倆とを有せり。故に最も善く翁の感化を受けたるものは、現に新聞社会に従事し、若くは一たび新聞記者と為れるもの多し。翁が明治年間に発表せる意見文章は、概ね新聞的趣味を帯びざるなく、例へば『西洋事情』は海外通信にして、『時事小言』は好個の新聞論説なり。翁は時事新報を起すの前[*5]、既に新聞記者の思想を以て日本の文明を指導し、新聞記者の感情を以て三田の塾生を薫陶せり。翁は実に天生の大新聞記者なり。

新聞記者に適当なる資質

新聞事業は江湖の事業なり。故に新聞記者は天爵を楽て布衣に安んずるの資質なかる可からず。竜動《ロンドン》タイムスの主筆は一市民のみ。然れども天下彼を称して無冠の王といひ、其名声反つて英国の大宰相を凌がんとするものあり。是れ実に新聞記者の天爵なり。福沢翁の如きも亦豈此資質を有せるに非ずや。

翁にして若し政府に入らんことを求めば、翁は夙に内閣大臣の位地を得るに於て容易なりしならむ。唯だ夫れ翁は官職を視ること敝屣《へいげき》の如く、其見識固より既に大臣以上に在り。故に一生無冠無爵の市民を以て江湖に独歩するのみ。学位は必しも官職と同じからず。而も翁は之れすらも尚ほ受くるを屑しとせずして、曾て大博士贈与の内命を峻拒せしに非ずや。新聞事業は俗なり。然れども記者の位置は神聖なり。故に人爵を小として天爵を楽むの資質なかる可からず。翁は此資質に於て殆ど天生の新聞記者なり。

新聞記者は一種族一社会を相手とせずして天下を相手とす。故に眼中貴族なく、宰相なく、党派なく、常に独自一己の見識を持して大自在の筆を行《や》らざる可からず。福沢翁は此点に於て亦群俗より高く、未だ曾て時事新報をして政府の御用紙たらしめたることなく、政党の機関たらしめたることなく、将た他の依頼を受けて筆を曲げしめたるを聞かず。故に独立不羈唯だ翁の言はんとする所を放言して憚らず。其極往々奇矯無責任の論を出だして世を驚かすものあるに至る。是れ翁の短所にして又其長所なり。

夫れ独立の見識は、誘惑入り易き位地に於て最も必要なり。新聞記者は最も誘惑に見舞はるる位地に在り。故に最も独立の見識なかる可からず。福沢翁は満身独立の人物なり。口を開けば独立を語り、人に逢へば独立を説く。独立は翁の性命なり、翁の理想なり。是れ翁が新聞記者としての最好の資質ある所以なり。

新聞記者に必要なる伎倆

新聞記者は時代の思想に先だつの見地あると共に、又之れを観察するの明あるを要す。福沢翁の立言は常に滔々たる俗論の外に卓出し、往々人をして怪奇と為し迂遠と呼ばしむるものありと雖も、曽て哲学者の如く余りに飛び離れたる空想を語らずして必至の趨勢を迎合す。翁は斯くあるべしと予信するときは、斯くあらざる可からずと断案す。故に動もすれば極端に走りて、他の視聴を聳動すること甚だ大なるのみ、翁は官吏全勢の時に於て金力勃興の説を唱ふ。而して今や漸く其験あり。翁は十年前既に支那分割の勢を警告す。而して今や漸く事実とならんとせり。近くは廿七年に逸早く日清開戦論を絶叫せし如き、最も近きは伊藤内閣の末路を察して在野政治家の入閣を主張せし如き、皆以て翁の眼光炯々たるを示すに足る。

新聞記者は最もコンモンセンスに富み、且つ善く専門家の所説を咀嚼融会して、更らに之れを舗張発揮するの頭脳あるを要す。翁は実に此頭脳を有する人物なり。故に艱渋勃窣《ぼっそう》なる科学的理論も、一たび翁の頭脳に映ずれば、忽ち消化して俚耳に入り易きの平話と為る。世間翁を称して万屋的学者といふ。新聞記者は万屋的学者ならざる可からず。思想膚浅なるも智識該博ならざる可からず。一局に偏執せずして全局を通見せざる可からず。翁の頭脳は則ち是れなり。新聞記者は更に概括の力あるを要す。新聞紙は事実を資料とすればなり。又変通の才あるを要す。新聞紙は能く世と推移するを旨とす可ければなり。而して福沢翁は皆之れを有せり。則ち新聞記者たるの資格に於て翁は殆ど円満なる典型なりと謂はざる可けんや。

所謂る三田流の文章

福沢翁の文章は、時文の神品に非ず。荘重なるに於ては羯南[*6]の文調に及ばず。精刻なるに於ては碌堂[*7]の筆鋒に如かず。然れども宛転軽妙情理兼ね至りて遺憾なきに至ては、後進文士の遠く及ばざる所あり。世間或は翁の文章余りに通俗なるを病むものあり。然れども通俗の中に一脈の雋気《しゅんき》あり、淡々奇なきの間に詩味嫋々の姿態を帯ぶるは、是れ翁独特の妙所にして、市井の俗語を点化して誦ふ可きの詩語たらしむる如き、決して尋常一様の筆力に非ず。竜動タイムスの文章は最も通俗にして反つて趣味あり。英国時文の摸範と称せらる。翁の文章の日本文壇に於ける位地は、其れ猶ほタイムスの文章の英国文壇に於ける位地の如き乎。

翁の文章は所謂三田流の文体を成して門下生の間に流行す。但だ翁の文章は入り易くして学び難し。翁の文体を摸擬して其神髄を得ざれば、唯だチヨボクレ祭文と差別なきの悪文章を成すに過ぎず。是れ門下生の手に出でたる時事新報社説の往々卒読に堪へざる所以なり。顧ふに方今一種の文体を作為して領地を文壇に開拓せしは、翁と徳富蘇峯なりとす。然れども蘇峯の文章は入り易くして又学び易し。是れ最も書生間に歓迎せらるる所以にして、即ち翁の文章の学び難きに比し尚ほ幼稚なる所を知る可し。

翁の文章を一見せば匆々着筆一気呵成の趣あり。然れども仔細に熟読すれば、曲折あり、波瀾あり、巧詆《こうてい》あり、詼謔あり、而も用意極めて精緻にして経営惨憺の迹見ゆるに似たり。唯だ接続詞を乱用するの弊あるを以て、読むもの其然るを覚へ［ママ］ざるのみ。翁の文章は決して平淡一方の筆に非ず。之れを要するに、翁の文章は深奥なる学理を論述する学者の文体に非ずして、自然に新聞記者の文体なり。

時事新報

時事新報は実に福沢翁の化身なり。新報の成功は乃ち翁が新聞記者としての成功を示すものなり。世の所謂る大新聞といふもの、『日々』*8の如き、『日本』の如き、『毎日』の如き、『国民』の如きありと雖も、彼等は多く政治若くは文学に偏するのみならず、大抵一主義に拘泥するか、否らざれば一党派の機関として文壇に立つ。故に其記事論説亦多少の覊束あり、多少の限局あり。則ち或は書生に喜ばるるも成年以上に得意少なく、或は善く政治社会に読まるれども他の社会に歓迎せられざるの短あり。独り時事新報は然らず。書生を相手とせず、政治家を目的とせずして、中等社会を読者と為す。是れ新聞として最も勢力ある所以なり。

時事新報を読むときは、其如何なる記事、如何なる論説に於ても、曾て少しも専門的臭味なきを感ず可し。政治を叙述するも党派新聞の如く余りに政治的ならず、文学を記載するも文学新聞の如く余りに文学的ならず、実業を報道するも実業新聞の如く余りに実業的ならず。一に中等社会の好尚を標準として紙面の体裁に注意し、時に機警の新案を作りて新聞改革の先鋒となる如き、兎に角日本のタイムスたるに耻ぢざるものあり。亦以て福沢翁が新聞記者として人に優ぐるるの資質伎倆あるを知る可し。

是れに由て之れを観る、福沢翁は教育家たるより寧ろ新聞記者たるの運命を有す。翁の教育に従事するは、教育家たる理想主義あるが為ならずして、唯だ翁が子煩悩あるに由るのみ。故に教育は翁に於て一種の道楽なり。翁の天職に非ざるなり。

（明治二九・一〇『明治評論』五の一一。明治三一刊『明治人物評論』。『春汀全集』二）

福沢先生を弔す

植村正久

『福音新報』が常に日本の大平民として尊敬する福沢先生遂に逝きぬ。是国民の一大不幸なり。日本は其の誇称するに足るべき一つの名物を失へり。然れども先生が生前に計画せる事業多く成就して、文明の進歩、社会の発達に寄与貢献せし所、甚だ偉大にして、明治の歴史に其の痕跡顕著なるは、聊か其の死を惜む者の慰めとなすに足るべし。

中津藩の下級士族たりし経験は、先生をして深く門閥、階級の弊を感ぜしめたり。時としては之が為に無念骨髄に徹するの思ひを為せし少壮時代に於ける先生の面影は、『福翁自伝』を読む者の熟知する所ならん。斯の如き境遇に処する多くの人々は、此の際其の反撥力を爵禄、位置の一点に傾注し、自ら顕栄の地に昇りて会稽の耻辱を雪がんと欲す。先生は然らず、却つて人爵を蔑視し、上級に立つて下を凌辱するの愚を嘲ひ、殆んど之を児戯に類するものの如く見做して超然独立し、俠骨稜々、不羈自由の行路を開拓し、永く平民の冠冕となるを得たり。

先生は尚ほ藩に在りしとき、藩主より所謂御紋服を拝領せしことあり。当時の士大夫が大いなる光栄として意気揚々之を携へ帰りて其の家人に誇るを常となせるに反し、帰途友人の家に立ち寄り、此の貴重なる藩主定紋附きの羽織を一両三分に売りて酒を飲み、蘭書を買ふの資に充《あ》てたりといふ。其の一生を貫ける精神、長所短所ともに此に現はれたり。其の著書五十部、百五冊の多きに達す。中に就き『西洋事情』の如き初編のみにて十五万部、偽版を合すれば二十五万部に上り、『学問のすゝめ』十七編、合せて三百四万冊[*9]の多きに至れり。先生は斯くの如く大いなる著述家にてありしかど、未だ一度も他人の序跋を求めしことなし。其の著書も著者の如く自立独行、己が価値に依りてのみ成功を期せしなり。先生の行径概ね斯の如し。豪放なる此の平民も一度びは殿様と呼ばる〔る〕地位に至りしことあり。彼が所謂飜訳の職人として幕府に雇はれ、一年百俵の扶持を賜りて下級旗本の末班に列せしとき、一日福地源一郎氏之を訪問して取次の下婢に殿様は御在宿なるやと尋ねしに、下婢は不当なる面持ちをなし、左様なる人は此所に在らずと答へたり。蓋し小禄にても是程の地位に上れば、殿様呼はりを為すが当時の常習にてありしかど、福沢氏の家にては斯ること〔ママ〕一切厳禁せし有様なりしとは、先生の自ら語れる所にて、面白き佳話なり。

　藩中に在りても平民的なり。幕府に仕へても平民的なり。明治の世界にも平民として自立せり。其の独立自尊の主義は慶応義塾の修身要領発布と共に始まりしものに非ず。先生は独立自尊を以て出身せしものなり。其の生涯は此の主義を貫徹せんことを期し、少くとも正直に其の実践躬行を図りたるものなり。

先生は自ら政局に当ることを好まず。自ら権力を握りて政治の実務を執るが如き毛頭其の志にあらざりしなり。此は彼が自伝に於て審かに語るところ、其の茲に至りし由来を説くの一段興味甚だ深し。大臣となるも意のままなるべしと雖も、之を取らずして終始野に立つて政治の批評家、社会の教導者、後進の師を以て自ら任じたるは、吾人の多とする所なり。藩に在りても権力を政治上に得んと努めしことなく、幕府に在りても敢て実際的政治に関係せず、明治の世となりても政争の外に超然たり。余輩は府県会の始めて設けらるるに当り、先生が芝区より選出せられたるを再三固辞して就任せられざりしため、一場の物議沸騰せしを記憶す。[*10]其の実際的政治に於ける凡て斯の如し。然れども国民新聞記者の言へる如く、彼は『決して安楽椅子に沈吟するの人にあらず、常に当世に触着し、之に対して経綸湧くが如くありき。明治の政史、氏が経営措画の痕跡を認むべきもの』少からざるべし。福沢先生はゲーテ、カント、及びレッシングの輩が、国事に冷淡にして、文学に吟嘯し、思弁に一生を経過せし如くならず、国事は其の最も熱中せしところにて、其の心胸は国家及び社会と活ける関係を有せり。然れども之に離れたるが如く、又離れざるが如く見ゆる地位に立つて、社会を批評し、政治を論議せしが為、先生の勢力を発揮すること却つて多く、其の実際に国民を益せしこと幾何なるを知る可らず。

国家を益せんと欲するの志士多くは議院の席と内閣の椅子とを希望す。先生は政争に加はることなく、政界の実務に当らず、顕要の地位に就かずとも、政治のためには勿論凡て国家経綸の上に於て大いに為すを得べきの余地綽々たるを自家躬行の実物教育にて教示せられたり。先生の一生は処士横議の弁護なり。其の五十部の著書、『民間雑誌』の発行より『時事新報』の成立と拡張とに至るまで、皆批評家の貴重すべきを証明するものなり。世界は政治的職人をのみ貴ぶべきにあらず。直接其の実務に関係せざる論客、思想家、また大いに之に与かることあるを得べし。政党員、官吏、名誉職、実業家たらんとするにのみ熱衷する社会は、此等の外にも大いなる事業あるを学ばざる可らず。福沢先生の一生は此の点に於いて国民の一大教育ならんと信ず。

奇警なる『二六新報』記者は福沢先生を弔するに、『彼は戦闘者なり』との語を以てせり。選択面白く当を得たる此の語は、善く先生の一生を写すに足る。『瘠我慢』の著者、一面に於て西郷隆盛の弁護者、爵位階級の破壊者、一時凡ての官立学校をも圧倒せる私塾の創立者、独立自尊主義の唱導者、正成の死を権助の死と罵倒せる批評家、儒教主義を忌み嫌ひて根底より（其の所謂根底にて余輩の尚ほ浅しとする所）日本の道徳を改革せんと志し、夙に文明流の倫理を講じ、晩年に至り慨然として修身要領の伝道者たりし福沢先生は、実に戦の人にてありき。彼は屢々創開的の位置に立ちて世に新たなる運動を為せるを以て、勢ひ戦闘に従事せざるを得ざりしなり。其の平和の戦争は血を雨《ふ》らす形体上の戦争よりも屢々猛烈なる観を呈せり。先生は花々しく戦闘せり。古への武人は畳の上に死することを耻とせり。先生の如きは死に至るまで戦に従事し、鞍の上に死したるなり。其の旺盛なる気魄は之をして隠居的の安息を貪らしむるを許さず、老境愈々雄心勃々たるを見たり。福沢先生は宗教家に非ず。然れども宗教以外の意味に於て彼は多くの偶像を破壊せり。維新の際浪人が尊氏の木像を馘りて改革の吶喊を為せる如く、先生の手に種々の偶像粉砕せられて日本文明の進歩は著しく其の速力を加へたり。保守的の眠りを貪らんとする社会に此の勇壮なる戦闘者を失ふ、豈に憮然として長嘆せざるを得んや。

記者曾て（明治十年）当時文壇の老将たりし福地源一郎氏が同人社の文学会に福沢氏の文章を批評し、其の著書に散見せる飴屋おこしを売る者にても云々の如き類の語を捉へ来りて、之を諷刺的に冷罵せるを聞きぬ。然れども其の実際に就いて之を見るに『平家物語』、『太平記』等に心酔せる文学の大家福地氏の著作其の功績頗る大なりと雖も、とても氏が嘲罵せる先生が自家創開の文章に及ぶべくもあらず。其の流暢にして紆余曲折言はんと欲する所を尽し、凡ての読者に意義明亮ならしむる『あらんかなれども』の文体は、一種の妙味を備へ、近代に於ける文学上の一大成功と謂はざる可らず。先生の著書後世に存すべきものなからん。或は存するものありとせば『福翁自伝』の類に止まらんか。然れども其の社会に及ぼせる勢力の大いなると、一種の文体を創始せるとに至りては、之をして厳然たる一大文学者たらしむるに足るべし。先生の文章及び教育、すべて造詣深しと謂ふ可らず。動《やや》もすれば浅薄なりとの非難を免る可らず。『国民』記者が之を評して、『欧米文明の初等教育を授けたるもの』となせるは面白き文字なり。然れども先生の世を益し、社会を啓発し得たるは、其の楽んで初等教育に従事したるを以てなり。『世界国尽』『啓蒙手習文』『文字の教』の如きは文部省に先立つて普通教育に着手せしものに非ずや。日本国民は福沢先生によりて小学程度より教育を授けられたるなり。国民の発達、此の教育者に負ふ所多きを忘る可らず。

先生は常識の人なり。其の天分性格、米国のフランクリンに酷似す。或は其の笑殺諷刺其の他の点に於て仏蘭西のヴォルテールに似たりとなす。然りと雖も余輩は之をフランクリンに比するを最も適当なりと信ず。先生がフランクリンの著書よりプーア・リチャードの格言を抄《ぬ》きて之を我が国民に示したるが如き偶然に非ず。金銭の貴ぶべき、時間の重んずべき、実務の軽んずべからざることなどにつきて先生の所説及び教訓、フランクリンと好一対なり。両者ともに平凡的世俗主義を上品に実行し、独自一己の力を以て躬行実践の功を積み、遂に天下に大名を成せり。合衆国到る所フランクリンの紀念像を有すること最も多き米人が、何事にも其の風格を存する如く、福沢門下の人々も先生の面影を表はすに似たり。然れども上品なるエピキュラスの徒遂に豚小屋主義に陥りたる如く、又フランクリンの感化を受くる者誤つて全能なる弗《ドル》の崇拝者となれる如く、何人も武士風ありと認め、侠骨ありと称讃し、道義の念深しと尊崇する福沢先生の末流また拝金の徒少しとせず。是其の議論の弊なるか、其の主義の論理的結果なるか、将た之を学ぶものの誤解せるに依るか、余輩は先生の人物と精神とを此の点より非難するの不公平なるを知る。其の末流の弊によりて之を責むるは、甚だ不穏当なり。何人と雖も先生の人と為《な》りの高潔なるを認めざる者なからん。久しく之を悪口せし輩と雖も、今日に至りては漸く其の讃美者となりつつあり。先生は毀誉の点に於ても一大勝利を得たり。然れども其の所説及び其の主義は論理的に如何なる結果を生ずべきものなるや、此は一つの公開問題なり。余輩時を得て之を研究せんと欲す。

先生は豪邁なり。活潑なり。独立自尊なり。常識に富み、眼光炯々、時と勢とを察知して、能く事物を料理するの天才あり。先生は道義心篤く、正直にして古武士の風あり。然れども其の著しく欠く所のものは崇拝の念なり。彼はフランクリンの如く物理学を嗜好すること意外に深し。曾て之と談話せしとき、先生が頻りに造化の妙用を讃へ、自然界の約束厳格なるを賞し、天地の広大なるを驚嘆せられし音容髣髴として目前に浮び来る。『福翁百話』の初めに宇宙天工を説きたるが如きと其の趣きを同じうせり。運用の妙、機工の霊は先生の感嘆する所なり。然れども道義上宇宙に於て感嘆すべきもの先生には之無きなり。其独立自尊、偶像破壊、四民平等、簡易豁達を旨とするが如き、其の裏面には先生の胸中崇敬の念乏しきを見るべし。其の常識は四面を見渡し、眼下を見下ろすことを得たるも、仰いで高きを窺ふこと能はず。先生は瞻仰《せんぎょう》者にあらざりしなり。人の性見上ぐるを貴ぶ。欧人人を呼んでアンスロポスと云ふ。或は之を瞻仰の義なりと解す。マルティノウの倫理論に崇敬の道義に於ける地位を説き、其の貴重すべき所以を弁ずること詳かなり。余輩は宗教者として先生の欠点此にあるを痛恨せざるを得ず。其の宗教に対するの態度、幾分か此の欠点によりて説明せらるべし。然れども不思議なるは常識の人フランクリンが十三州挙兵の際、聯邦の基礎を置かんとする会議に於て議論紛々たるを悲み、自ら純乎たる基督者ならざりしにも拘はらず、祈禱を以て開会すべしと発議せしことなり。是れ其の常識の大先達たる所以なるか。我が福沢先生も亦此に類するものあり。時としては本願寺の改革に尽力し、真宗の拡張に一臂の力を致されしこともあり。時に宗教論を『時事新報』に掲載し、老婆心的保護的口調を以て、基督教の為めに利益を計り、仏教僧侶の矯弊策を講じたることもあり。然れども崇敬心の欠乏は先生をして到底基督教の如き信仰の趣味を解すること能はざらしめたり。

朝に夙に起き出で、門生数名と共に老壮士の如く郊外に散歩し、夕には後進を座に引きて快活に談話し、家庭にありては夫婦の和楽、親子の親愛、世に名高きほど濃厚なる福沢先生は逝きぬ。余輩国民と共に其の死を哀悼すること切なり。

（明治三四・二『福音新報』。岩波文庫『植村正久文集』。『植村全集』七）

福沢先生

鎌田栄吉

保守と進歩、進取と退嬰、創業と守成、大胆と用心、磊落と小心、洒落と謹厳の両性は人間社会に必要欠くべからざるは云ふ迄もない。之を人物に就いて見るに孰《いづ》れか其の一方に偏するが常である。唯福沢先生に至りては珍らしくも此等の反対の性質を一身に結合したものである。先生の言行往々意表に出でて人を驚かすものも、沈思黙考すれば、其真意の正当穏健なるに感服せしめた。先生は物事を断うと定めたら頗る急激に猛烈に突進されたので、その各方面に現れた先生の行動を、一つ一つに就いて見たなら何だか矛盾にも見え、奇激にも見え、時には常識にも外れて居ると思はれ様が、夫は時と処、人と事とによつて触発した場合場合を見るからの事で、一々湊合して中堅となつて居る精神を考へると、毅然として動かざるものが常に存在して居た。前の離れ離れに見えたものは決して離れ離れではなく、実は一条の糸で一貫されて居る様なもの、何処何処までも平仄がちやんと合つて居る。例せば斯様の事もあつた。慶応義塾新議に「商工農士の差別なく洋学に志あらんものは来り学ぶべし」といふ一節がある。之はまだ新銭座時代の事であつて、此文を草せられたのは明治二年の八月頃である。謂ふまでもなく当時は官尊民卑の念強く、熟字は士農工商と定まつて居つて、商工農士などとはあるべからざる筈。一般の反抗を買ふは当然の話だが、之を敢てして毫も顧みられない。而してこれは決して一時の戯れでも何でもない。古来の慣習を洗除せんとの永遠の考へである。之より七、八年後の先生の言論は、頻りに士魂の保存を説き、士族累代の精神は日本の独立に必要なるを論じ、殊に当時の一著日本分権論に其論旨が顕はれた。之が遂には士魂商才論と纏りて居る。

斯くも急進的《ラデカル》の人であつたが、又極めて常識に富んだ穏健な考へを其裏面に持つて居られた。此時分は年も若く意気も盛んに加之革命当時の事とて議論も激烈であつたが、併し飛離れた突飛論ではなく常に社会の指導者として常に一歩づつ時代に先んじて居たので、私は先生の死後、明治三十四年頃の慶応義塾学報[*11]に「福沢先生」と題して、その反対なる不両立の両性の、能く先生によつて一つに結合されて居ることを説いたが、その中に、先生の常住性と変化性との関係は恰も文廻しの如し、一脚は常に中心に固着して移動せず、他の一脚は伸縮張弛自由自在の輪廓を画くといつたが私自から名評だと思つて居る。尚ほその全文を次に引用し、足らざる所を補つて話さう。

福沢先生

先生の逝くや世を挙げて之を痛惜し、殆ど生前に於ける親疎と敵味方の差別なく、偏に先生の高徳を称しその偉大なる所以を唱へて措かず。その弔詞評論の如き、続々内外の新聞雑誌と演説講話に現はれ尽して余《よ》蘊《うん》なきが如くなれども、尚未だ世人の言はざる所の者少からず。素より之を説きて遺憾なからしむるは容易の事に非ざれども、今左にその所感中の一二を記せんに、先生は常人は勿論非凡の人物と称せらるるものと雖も能く一身に結付くる能はざる不両立の両性を結付け得たる事是なり。

先生は第一常住性《コンスタントエレメント》と変化性《ヴアライングエレメント》とを双方よき割合に而かも甚だ強く之を持ちたる人なり。之を平たく言へば、先生ほど能く変る人はなく、又先生程変らぬ人はなし。先生は其朋友門人等に対して訓戒するにも、又世間に向て論説を発表するにも、能く時と所と事と人とに依りて自由自在に変化し、千変万化その底止する所なきが如き観ありと雖も、其の本体の持論、固有の主義に至ては曾て動揺せしことなかりしなり。彼の独立自尊の主義、文明進歩の主張、自由平等の持論に至ては厳然として之を移動せず。畢竟此の一定不変の主義を以て社会を律し人事を利せんとするが為めの方便として、一方には種々に工夫し様々に変化したる其の有様を物に例へて云へば恰かも一丁の文廻はしの如し。その一脚は中心に固着して毫も移動することなく、之に反して他の一脚は自由自在に伸縮張弛して大小何れにても勝手次第の輪形を画くと雖も、然れども常に一定不動の中心を外づることなくして其の形も亦た曾て正円たるを失はざるなり。即ち先生の常に周囲の事情を察し、時勢の傾向をトして千変万化する有様は誠に騒々しく又た甚だ賑やかなりと雖も、その本体は厳然として動かざる事磐石の如く静なる事喬木の如し。その安心立命の地を定めて動揺せざるの事に至ては、安政文久年度の先生も明治三十四年の先生も先生に於て聊か変ることなく、先生は依然たる先生たりしことは実に驚嘆の外なきなり。今その例を挙ぐれば、最初鎖国攘夷の論盛なるに当ては生命の危きを顧みずして西洋文明の新主義を唱道し、その労空からずして世人が頑夢を醒まし文明の門に入ると同時に又反対の極端に走り官民共に文明開化を唱へ、西洋流の向う所天下に敵なく世を挙て之に心酔し殆んど彼れ洋人を崇拝せんとするの風潮を見るや、先生は翻然態度を改めて洋狂者流を攻撃し、日本固有の美点を掲げ西洋の欠点を指摘して内卑外尊の迷信を打破し心身独立の大切なるを説き、而も西洋日進の学術と改進自由の主義は愈々之を唱道する事を忘れざりしは、当時の演説文章等に於て歴々その証左を見るべきなり。然るに如何なる故にや、十五六年の比《ころ》より政府は頻に儒教主義を鼓吹して古学古流を復古する様子あるや、民間の和漢学者は忽ち得意を催うして之に和し、独逸学者はヘーゲル一派の歴史説に依て漢学者の気焔を助け、世の中は国粋保存、西洋排斥の声を以て鳴り渡るの奇観を呈し来るや、先生は更に大声疾呼して世の頑固者流を諭戒し曲学阿世の徒を叱斥して、更に進で益々文明の大主義を鼓吹し古学主義を罵倒し、筆折れ舌爛るるも止まざるの覚悟を定め死に至るまで之を勉めて倦まざりしなり。その民権論より国権論に移り、運輸交通、国会開設、官民調和、実業発達、社会家庭の改良、官尊民卑男尊女卑の論の如き、其の変化の着々時勢の必要に的中して、文明進歩の大主義を貫徹するの階段として頗る順序の正しきものと謂ふべきなり。

第二先生は奨励力と制御力との二者を結合せる人なり。大凡そ人物の大小に拘らず此二力を結合し得たるものは古今東西甚だ多からず。所謂人傑と称せらるるものにても、多数の人間を率ゆるに当て之を奨励刺激してよく奮発突進せしむるものは、之を制御し鎮静してその動揺を抑ゆる事能はざるものなり。只他人に対して然るのみならず、自己の身を持するにも勇敢進取の気に富めるものは深沈にして着実なること能はず。然るに先生は此二個の力をよく一身に結合して多数の人を感化したるは事実に於て争ふべからず。先生の人に対する其の音容一種霊妙なるインスピレエションのあるなるが上にも、己れ自ら実践躬行せし所の手本を其の人の前に陳《つら》ねて之を説くが故に、懦夫も志を立て暴者も其暴を悛むるに至る。実に先生はよく人を奨励し又よく煽動するの力を有しながら、他面に於てまた人を制御し鎮圧し抑止するの力を有したり。

第三に先生は熱心なる主張と冷静なる寛容とを兼備したり。是れ又他人の通常一身に両立せしめざる所にして先生のよく結付け得たる所なり。凡そ自信の厚くして自己の説を主張するの強き者は、只自説の美なるを信ずること深くして他人の説は一切之を誤れるものの如く考へ、毫も之を容るる度量なきものにして、自己を信ずるの厚き割合に随て益々他説を排斥するの甚しきものなり。故に此種の人は往々偏狭頑僻に陥る者多し。所謂ピゴットの人是なり。然るに之に反して、公平にして先入に泥まず広く衆人に傾聴して一方に偏せざる者は、自説の主張に熱心なること能はざるの失なるを多しとす。然るに先生に至つては然らず、よく此両者を兼備したるなり。先生の自説を主張するに当ては、其の熱度の高きこと恰かも之が為に狂せるる有様にて、人に逢ひ物に触れ事に当る毎に之を適用し之を論弁して熱心に且面白く之を唱へて止まざることなれども、其の間にも反対論に接すれば充分之を玩味して更に之に向ふの常なり。決してピゴット流に自説を固守して偏狭に陥ることなきに拘らず、其の論鋒の向ふ所烈風の如く一世を風靡するの勢力を有し、遂には反対者も首を垂れて軍門に降り、先生の説は数年を出でずして世論と化し了るを常とす。是れ実際の証跡に於て蔽ふべからざるなり。

要するに先生の生涯は一定の主義を以て貫徹したるものにして、その之を貫徹せしめんがためには種々の変化をもなせること明かなり。彼の水の源泉より出でて渓流となり瀑布となり河川となり江湾となり、その間にも直流曲行限りなきの変形をなすと雖も、常に水の重力てふ勢力に因て低きに就くの一主義を離るることなく終に海に入るを以て目的となすと何ぞ異ならんや。先生の我国の文化を進め烈強と対峙せしめんとの本願こそその一生を貫ぬく所の大方針なり。新日本が先生に負ふ所の大なるは世人の認むる所にして、到る所感謝の意を表するもの決して偶然にあらざるなり。

之で大体は尽して居るが、尚ほ先生の性格を明にする為に語つて見よう。先生は僅か一円を失へば非常に怒るケチな人であつた。それで十万円失つても仕方がないわと言つて平気で済ます大様な人であつた。小なるが故に軽んぜず大なるが故に驚かずといふ人であつた。怒るも許すも標準は金の高でなく別な処にあるのだ。先生常に、諺に一文惜みの百知らずと云ふが、世に之を服膺する馬鹿者が多い、何でも一文を惜んで百文を軽んずるものでなければ事は為せぬと云はれた。

先生は能く天下を大とせず家庭を小とせず、常に家庭の純潔、家族の団欒を説かれ、誰に何時何処を見られても恥かしくない様でなくては人間の家とは云へぬ、といつて居られた。学問に於けるもその通り、物理などいふことには非常に注意したものだ。それも先生は元と蘭学をやられた。その蘭学時代のは医学、物理学、化学等の感化が先生の生涯を離れなかつた。それで如何に大を語るとも科学や数理に合はぬことは決して之を顧みない。

世人が最も誤り易い点は、先生は他に卒先して洋学を鼓吹した人だから、斬髪とか洋服とか或は洋食とかいふことは又他に先んじてやられたろうと思ふことで、之は大した相違である。先生は洋学鼓吹者であるに係らず、是等形体上の事には極めて保守的な所があつた。脱刀だけは早かつたので、世人の最も長刀を横《よこた》へて闊歩した時分には、故《ことさ》らに短い刀を佩して紙切ナイフの代りに用ゐたが、斬髪などは頗る遅く髷は終に生やした事はなく洋服は只乗馬の為に用ゐられた。食物も其通り、新奇なものは成るべく避けて口に熟したものをのみ用ゐられた。西洋菓子で紅茶を飲むなどは大嫌ひ。矢張り煎餅を嚙んで番茶を飲み、又巻煙草抔《など》のんだ事はない、昔流の煙管で一生通したのであつた。墓参の如きも旧式通り欠かした事はない。田舎抔で福沢先生が御出になるといふので、態々西洋料理を調へて大に当てが外れた事が間々あつた。

階級とか格式とかは大きらひ。いや丸で官位などいふことには自分に何の感じもなかつたのだ。明治の初年維新当時には、政府の官吏は勿論、全国一般の人まで本姓実名を唱へて、義経や頼朝計りに成てしまつた。当時の官員録抔を見ると、苗字通称を記さず藤原某とか橘某とか平某とか丸で誰が誰だか分らない。先生に限り只の福沢諭吉、何屋何兵衛差配下町人福沢諭吉抔と反対に出掛た位、況んや本姓実名を名乗り、家の系図を偽造するをや。明治六年に先生が先妣の墓側に建てられた一小碑「福沢氏記念之碑」の文を見ても分る。

福沢氏記念之碑

福沢氏の先祖は信州福沢地名の人なり。元禄宝永の際、其子孫兵助なる者、豊前中津の海岸下小路に住し、宝永六年五月二十三日死して中津桜町明蓮寺内に葬る。是より以前の事は得て詳にす可らず。○兵助の子を兵左衛門と云ふ。兵左の孫を友米と云ふ。友米始て中津の奥平藩に奉公して足軽と為りたり。是に由て考れば福沢氏の先祖は必ず寒族の一小民なる可し。○友米に一女子あり。阿楽と云ふ。同藩中村氏の男を養子と為し、之を第二兵左衛門とす。文政四年九月二十一日死す。妻阿楽は嘉永五年六月十八日死し、共に中津竜王の浜に葬る。○兵左衛門に三男三女あり。長を百助と云ふ。同藩橋本浜右衛門の長女阿順を娶て二男三女を生む。文政五年より同藩元締の小頭とて会計の下役を勤め、大坂の藩邸に在る十五年、天保七年在勤中に死す。百助は文学を好み志操高尚にして正直潔白の名あり。○百助の大坂に死するとき、長男三之助十一歳、末男諭吉生れて十八箇月、三姉妹と共に母に従て中津へ帰る。三之助長ずるに及で文を好み頗る穎敏の聞あり。同藩藤本氏の女を娶て一女を生む。安政三年九月三日死して竜王の浜に葬る。○兵助より三之助に至るまで歴代の墓は皆中津の明蓮寺内と同処金谷村の三昧と竜王の浜とに在り。三之助死するに及で諭吉福沢の家を続ぎ、安政五年より東京に住居し、明治六年十一月先祖記念のため爰《ここ》に其碑を建つ。

即ち虚栄流行時代に在つて自分の先祖を敢て寒族の一小民といつたのである。又先生が木村芥舟翁[*12]の著「三十年史」の序文に、明治二十四年十月十六日木村旧軍艦奉行の従僕福沢諭吉誌と書かれたなど凡てが之である。

新銭座の所から今の三田の屋敷へ越すときなどは、自分で門下生相手に尻端折つて荷物を背負つて来られた。之は敢て物に拘らぬといふ計りでなく、常に一身を以て天下の儀表と心得、実践躬行衆を率ゐざるべからずとせられたのでもあらう。運動は散歩、居合抜、それに米搗で、之は晩年まで続けられた。某医師は先生に運動の過度を諫め、居合位は宜しいが米搗は老体には余り激しい運動でありませうと云ふた所が先生は医師に向い、君は米搗と居合とを試られたか、否曾て経験はありません。先生曰く老生の実験では居合は米搗よりも幾倍か苦しい、医者の忠告は大抵そんなものでせうと笑はれた。

先生は文章には頗る苦心をされたが、その苦心は如何にして容易く俚耳にも入り得るかと勉められたので、書く方ならば頗る早い達者なものであつた。先づ一文を草し終ると婦人小供抔を障子の陰に置いて読み聞かせ、それに分らぬ所は一々書き直し、又読み聞かし、又書き直して悉く通ずるに至つて止む。又田舎などから来る人々を相手に一々談話を聞き、その考を湊合して一般のレヴェルは大概此れ程の処と眼鏡を据え、それによつて理解し得られる様に説を構成して世に公にされたもので、直に自分の頭から在るがままに出すといふ事は何か学者政事家抔を直接の相手とする場合の外はなかつた。それだから先生の書かれたものは誰にも分る。随分半可通の学生抔は分り易いと説をまで浅薄と思ひ、分り難いと説までを深遠と思ふ風のあるもので、学生等は初は先生のものを好まぬ傾がある。が読んで行く先間に先入思想の辟して居つた事が分つてその真価に敬服することになる。又学校教員抔は、先生の著書は訳が分かり過ぎて、講義の仕様がなくて困まる。随分妙な苦情があればあるものだ。先生は文章に使用する漢字を一定して居られて、またと発音する所は必ず「又」、みると発音する所は必ず「見る」の外使はれなかつたが、之は言ふまでもなく他の文字並に字義を知りながら用ゐられなかつたのだ。難しい字は幾らでも知つて居る。経書の如きも中々暗誦までして居る位に見へた。又先生の卓見なる、維新の当初美術品の如き、二束三文と云ふ有様であつた時、自分が若し商人ならば此書画骨董を買占める。何故と云ふに、薩長土肥の田舎武士が旗本の屋敷の明きがらに住込んで、今こそ、へこ帯の書生を使つて居るが追々贅沢を覚へて、遠からず奇麗な腰元が蒔絵の硯箱や文台を提げる様な事に成るは眼に見へて居るぢやないか、是程慥かな金儲はない、只我々は学者で商人でないから、そんな事せぬ計りだと。要するに先生は多方面なる大人物で且つ自ら任ずる所に忠なる実に感服の外はない。それだから孰れの方面からでも観られる。方面の多いだけそれだけ又生前には反対者も多かつた。それには無理はない。人物が大きければ人その全幅を知ることが出来ない。従つて一時は自分の観得た一方面に就いて自己の考を以て非難する。が根底ある議論は何時かは理解される。漸次に観得る方面が広まるに連れて非難の声は薄らいで来る。彼のジョージワシントンの如き今日では米国は勿論満天下の人間が神の如く尊崇するが、聖人でも其生存当時は如何であつたか。高徳彼の如き人にも、「ジョージ三世」、「ステップファザー」、「タイラント」等の綽名《あだな》が付けられたのだが、これはワシントンを以て一箇の野心家となし、英国を排斥した上は自ら王たらんとする者だと思ふからであらう。併しワシントンが建国後の様子を見て、弥其の人格の高いことが知れ、氏の死後に於ては誰一人之を非議するものなく、偉大な高尚な実に立派な人物として鬼神の如く尊ばれて居る。所謂是非は棺を蓋うて定まるとは即ち此事で、福沢先生も死後年月のたつ程其高徳と卓見が益々顕はれ世人の敬慕は年と共に増加する。併し未だ先生の真意を解せざるもの、又は誤解するものも少からぬが、将来益々之が減ずるであらう。斯うして見ると人間は案外公平なものだ。人の性は善とでも云ふのであらう。初の間は彼是れ間違つた評もあつたが、終には善を善として之を称し、之を尊び、之を崇むるといふ事は永い間には行はれる。つまり永い時期を通じての世論といふものは最も公平なものである。

（明治四〇・七『中央公論』二二〇号）

福沢諭吉と荻生徂徠(抄)[*13]

白柳秀湖

山路愛山から福沢諭吉への溯航

福沢諭吉の書いたものには、今日の学問思想から見て、驚嘆に値するものが少くない中に、『旧藩情』はまさしくその尤なるものの一つだ。『旧藩情』は大正十五年を以て改版刊行された『福沢全集』の中に収められたのが、その一般に公表された初めであつて、書き卸《おろ》された日附は明治十年五月とあり、名高い田口卯吉の『日本開化小史』第一巻の刊行(明治十一年九月)されるより約一箇年半も前に脱稿して居る。しかし、この『旧藩情』は初めから史論として執筆されたものでなく、廃藩置県後も容易に解消されることなしに残つて居た旧藩士間の階級的反目が、事毎に破裂して地方の進歩発展を妨げ、延《ひ》いて国家の一大患害を醸しつつあることを慨し、その嫉視確執の由つて来るところを明かにして、旧藩士の反省を促したものらしい。筆者は旧版の『福沢全集』その他を精読し、福沢学は一と通り卒業した積りで居たから、改版の出たことは知つて居たが、別にそれを注意して見ようとはしなかつた。或る時慶応義塾に招かれて一席の講演をしたことがあり、その時、小泉信三氏から『旧藩情』を読んだかとの御注意があり、初めて改版にさういふ貴重な文献の収載されて居ることを知り、早速一読したが、読み了ると思はずしらず、案をうつて嗟嘆これを久しうにしたやうな次第であつた。

『一読案をうつて嗟嘆した』などいふと、いかにも常套の修辞で読者を愚にするやうにきこえるかも知れぬが、筆者の場合に限つて決してさういふわけでなく、これには少し説明を要することがある。それは何かといふと筆者が山路愛山の史論に対して、久しく懐いて来た疑問がこの一篇を読むに及び、釈然として氷解したことであつた。筆者は山路愛山の書いたものから史学に入り、溯つて福沢諭吉に学び、後親しく三宅雪嶺先生に就いて啓発をうけるところの大かつたものであるが、なかんづく山路愛山の史論は、この筆者が初めに影響をうけたものだけに、その初期の作述には愛山の骨法をそつくり取入れたものも少くなかつた。筆者は愛山の史論から、その骨子を成して居る三つの大きな創見を学ぶことが出来た。すなはち、その一は、鎌倉時代の封建制度と、徳川時代の封建制度との間に横はる経済組織の本質的相違に関する見解である。その二は、自給自足の土地経済を本とした鎌倉時代の封建制度が、流通自在の貨幣経済と融合して、徳川氏の折衷式封建制度を産出するに至るまでの社会制度の変化には、武器戦術の革命が与つて大きい原因をなして居るといふ見解である。その三は、各藩の武士は、上は一門、家老から、下は徒士、足軽に至るまで、一概に武士といふ名で呼ばれ、百姓、町人に対して渾然たる支配階級を成して居たやうに思はれて来たが、実は決してさうではなく、武士の中に上士と下士との両階級があり、単に官職ばかりでなく、身分に於いてもその間に截然たる上下の差別があつて両者は事毎に相反目し、相嫉視し、常に激しい確執を続けて来たといふ見解である。

この三つの見解はその頃、まだ年少白面の一読子であつた筆者にとつて、実に驚嘆そのものであつた。尤も愛山の見解は、筆者が右に解説紹介したやうな的確な文字を以て現はされては居なかつたが、その何れの著作にも骨子を成して居た輝かしい史的見解は、以上の三者に要約して説明することが出来た。

その後、筆者の知識慾は漸くにして、右に挙げた愛山の輝かしい三つの見解が、果して愛山の創見であるかどうか、愛山の創見であるにしても他に先人として称すべきものはなかつたかといふことを考へさせるやうになつて来た。程なく筆者は武器の進歩によつて歴史の発展を説明する手法が、既に西洋人の中にあつたことを見出した。ついで筆者は、鎌倉時代の封建制度と、徳川時代の封建制度とが、その立脚する経済の基礎から考へて、本質的に異るものであるといふ説明が、荻生徂徠の『政談』及び『太平策』の中に、殆ど余すところなく道破されて居ることを発見した。

第三の問題は、前二者にくらべると著しく実際的であつた。前二者は、第三の問題にくらべると何ほどか学理的であつて、それが直に或る法則の適用若しくは活用であることを想はせられたが、第三の問題は、殆ど純粋の事実であつて、寧ろ歴史的法則の発見される素地をなすものであつた。

筆者は久しい間、愛山の下士階級論が、果してどこから来たかを識らうとして、思ひ悩んで居た。そこへ小泉信三氏の注意で福沢諭吉に『旧藩情』の著作のあることを知り、一読して『嗟嘆これを久しうした』わけだ。如何にも大袈裟な表現とも思はれるであらうが、筆者の場合としては寧ろつつましやかな告白に過ぎぬのだ。

福沢の『旧藩情』と徂徠の『太平策』

もちろん筆者は福沢の『旧藩情』が、如何なる方法によつて、どのくらゐな範囲の人々に示されたものであるかを知らぬ。従つて筆者は、愛山がその得意の下士階級論を福沢諭吉から学んだものであるとは断言せぬ。しかし福沢の『旧藩情』を読めば愛山の説いたほどの下士階級論は、完全に説き尽されて、余すところは殆ど何もないといふことだけは出来る。

殊に福沢のすぐれてゐたことは、かやうな階級制度は、どこの藩にもあるといふ、普遍性を喝破して居たことだ。愛山の下士階級説は土佐藩の場合に限つて用ひられて居たかにも思はれる。土佐藩の場合に限つてこれをいつたものには、愛山の前にその人が頗る多く、土佐藩勤王家の懐旧談や、土佐藩勤王の士の伝記には、大抵それが現はれて居たといつてよい。愛山が土佐藩に於ける上士階級と下士階級との反目嫉視を力強く認めながら、『西郷隆盛』の中で、薩藩の階級制度を説く場合は、全く別個の制度としてこれを叙し、その間に共通の法則を認めて居ぬのは迂闊であつたといつてよい。これは彼に『下士階級発生論』のなかつた何よりの証拠で、そこへ行くと福沢はたとひ一言でもこの階級制度は旧時どこの藩にもあつたといふことを喝破して居る。ただ惜むべきはその執筆の目的が時弊の匡救にあつて、史論になかつた為に、考察が発生論にまで及ばなかつたことだ。尚ほ福沢と山路との手法について慾をいはせて貰ふならば、両者とも初めに官職の上下と、身分の尊卑とに関する区別を明かにし、読者の概念を十分に整理した上で、官職階級の外に儼存した身分階級の説明に及ばなかつたことは共通の遺憾である。

だが、いづれにしても、福沢の『旧藩情』が、山路愛山の十四歳の時に書きおろされて居るといふことは驚嘆すべき事実だ。

『旧藩情』は明治維新の舞台に主役として躍つた各藩下士階級の本質を説明する上に最も有

力な素材を提供したものであるが、この特殊の功績は別としても、福沢の書いたものは、概して封建制度の本質といふものに対して加へた批評の妥当性と優越性とに於いて、荻生徂徠以来の大文献である。

徳川氏の封建制度があつて以来、これに対して、最も妥当なしかも最も徹底的な批評を下し得たものは何といつても荻生徂徠である。新井白石も、松平楽翁も史論家として考証家として、相当の業績はのこして居るが、荻生徂徠にくらべると著しく影がうすくなる。徂徠を白石や、楽翁にくらべるのは初めから範疇を誤つて居るものとせねばなるまい。徂徠はその哲学に於いて、ベンザム、ミル、スペンサアと比較すべく、その史学に於いてむしろマルクスと比較すべきものではないか。

福沢諭吉はいはゆる伝記の上からは、荻生徂徠と全然無関係の人物である。しかし、その哲学に於いても、史学に於いても、両者の間は、目に見えぬ太い、不朽の思想的連鎖で、しつかりと結びつけられて居る。その経験的な、実証的な、巧利的な哲学のにほひ、その経済的な、社会的な、演繹的な史学の色調、両者は正しく日本の思想界に巍然として相呼応する最高峰である。誰やらがプラトーンに精通しカントに暁達しさへすれば、その間の哲学者には学ぶ必要がないといふやうなことをいつたのを記憶して居る。徳川氏以降の日本思想史は徂徠に精通し、福沢に暁達すれば、その間はたしかに飛び越してもさしつかへない。少くとも日本生粋の思想史を学ばうとするならばそれで沢山だ。

「夷人物茂卿」と「楠公権助論」

日本には、日本うまれの支那哲学者、日本うまれの仏典家、日本うまれの西洋思想家が頗る多い。しかるに、荻生徂徠と福沢諭吉とは共に、日本でなければうまれなかつた最も偉大な世界的思想家の一人である。それが奇態なことには両人とも、揃ひも揃つて世間から外国かぶれのした非国民的な思想家であるとの譏りをうけた。

荻生徂徠が世間から外国かぶれのした、非国民的思想家であるとの譏りをうけたのは、例の孔子の画像に題して『日本国夷人物茂卿拝手稽首敬題』と書いたことから一世の物議を醸したもので、ちやうど福沢諭吉が『学問のすゝめ』の中に、いはゆる義人烈士の忠死を論じて言、権助の首くくりに及んだことが、暗に楠公の義烈を諷したものであるとて、一世の物議を醸し、害のその身辺に及ぶに垂《なんな》んとしたのと頗るよく似て居る。

徂徠が明の李于鱗、王元美の二家から古文辞を学び、孔子に溯り更に孔子を通じて堯舜の古代国家に憧憬するに及んでからは、思孟以下宋儒に至る諸家が、人生の進歩と社会の福祉とに交渉のない是非善悪の観念論に没頭し、いはゆる中華の実を台なしにしてしまつたことを慨すること甚しく、孔子の画像に『夷人物茂卿』と署して支那の古代国家及びその最も正しい解説者である孔子の学問に対する満腔の敬意を表した。『夷人』が『夷狄』の意味であつたか、それとも『庶人』の意味であつたかは、今更せんさくするにも及ぶまい。徂徠の尊敬したのは古代支那の国家組織そのものである。その国家組織のイデオロギーを最も正当に解説し得た孔子の学問に対してである。

だから彼は他の一方に於いて、日本の古代社会、すなはち日本の神代に対しても同じやうな強い憧憬の情を持つて居た。（太平策）彼は日本を忘れて、支那を崇拝したのではない。彼に於いては支那を崇拝する念慮よりも彼が如き美しい古代文化を持ち、彼が如き素晴しい進展力を持つて居た支那国家を、現に見る如く堕落させ、疲弊させ且つ停頓させた宋儒の形而上学が憎かつたのである。人生、社会の進歩に何の実利、実益もない、思孟以降の観念闘争が馬鹿らしかつたのである。それよりも、それほど支那の国家を茶毒し、支那の国民を蠱惑した宋儒の学説をそつくりそのまま鵜呑みにして得々たる日本の腐れ儒者どもが憎かつたのである。『夷人物茂卿』は支那の腐れ儒者どもに対するあてつけよりも、日本の腐れ儒者どもに対するあてつけが主であつたに相違ない。

今、筆者をして、徂徠に代つて弁ぜしむならば、当時徒《いたづら》に外国かぶれして、国風、国体のどこにあるかを忘却して居るものは、徂徠その人でなく、寧ろ徂徠の学をそつくりそのまま鵜呑みにして、観念闘争に日を送つて居るいはゆる正学の徒であつたのだ。

殊にわれわれが徂徠の為に考へてやつてよいことは、五代将軍綱吉の時から、八代将軍吉宗の時にかけては、徳川幕府が、財政の最初の行詰りに逢着し、この難局を如何に切りぬけてよいかの問題に最も苦み悩んで居た時代であつたといふことだ。インフレで行つても駄目、デフレで行つても駄目、米価を釣上げて見ても駄目、米価を引下げて見ても駄目といふ経済上の超非常時であつたといふことだ。その時に日本の産んだ実行哲学の大家、封建病理学の鼻祖が、すなはちわが荻生徂徠であるといふことだ。

荻生徂徠には三つの方面がある。その一は哲学の方面であり、その二は経済学の方面であり、その三は史学の方面である。この中で、徂徠以後、徂徠の哲学の方面を一身に体現して近代国家工作の上に、最も大きい業績をのこしたものは福沢諭吉である。福沢の生涯は徂徠の打建てた経験的、実証的、功利的哲学の体現そのものであつた。その点で、福沢は徂徠よりもえらい。徂徠学に従つて、仮に徂徠の地位を哲人孔子に擬するならば、福沢はまさしく唐虞三代の聖主である。王道には行実があつただけで、それを離れた観念論はなかつた。それを正しく解説したものが孔子であつた。日本では徂徠が、イギリス派の哲学者の誰からも示唆をうけることなしに経験哲学、功利哲学を打建てた。福沢一身の行実が期せずして、その哲学に該当した。

憂国慨世の至情に燃えて居た諭吉と徂徠

福沢諭吉の立言は『福沢全集』十巻と『続福沢全集』七巻とを合せて、菊版約一万三千五百頁（一頁平均約七百字詰）の大量に上つて居る。古人は『著書等身』などいつたが、その頃の本は多く木版で、一冊の字数も少かつた。それにくらべると福沢の立言は人間一代の仕事として実に驚くべき成績といはねばなるまい。しかるに福沢は大約八百七十五万字の立言を通じて、曾て事を離れて理をいつたことがなかつた。筆を執れば必ず事実に即し、時の問題に触れて説を立てた。彼の言は直に彼の行であり、彼の行は必ず彼の言であつた。しかもその立言の根柢には、常に炎々たる憂国の至情があつて燃えて居た。

例へば前に挙げた彼の権助首縊り論にしてもさうだ。彼の立言を以て大楠公の忠死を諷したものであるとして彼を傷けようとした一部世間の誣妄は今更ここに問題とするまでもないが、彼のかやうな立言の根柢に、炎々たる憂世慨国の至情があつて、燃えて居たといふことは見遁してはならぬ。彼は万延元年幕府が日米修好通商条約交換の為、使節新見豊前守等の一行を米国に派遣した時、軍艦奉行木村摂津守の従僕として、初めて米国に赴いてから王政復古の際まで、常に幕府の翻訳方として重要な外交事務に鞅掌して居たので、英・米・仏・露を始めとして西洋諸国の日本に対する野心は誰よりもよくこれを知つて居た。彼はかやうな国家の非常時に直面して因循姑息、ただ旧例古格を墨守するの外に能のない幕府の門閥政治家をにくむ点に於いて決して人後に堕つるものではなかつたが、世界の大勢と日本の現状とに関して全く盲目である頑迷固陋の輩が、尊王攘夷の呼声に附和雷同して軽挙妄動し、徒に事端を滋くし、国家を危くしようとして居るのを憂ふる点に於いて、また他の積極的開国主義者に譲るものでなかつた。

維新の後に於いても、彼の憂懼措く能はざりしところのものは、欧米、殊にイギリスの資本主義的侵略の魔手が、インドからシンガポール、香港、上海を経て日本に及び、自由貿易主義の搾取が、日一日とこの国土をスープの出しがらのやうに荒廃させようとして居るのに対し、国民の大多数が依然として封建武士気質の旧套を脱せず、徒に官威官権を恃み、栄位栄達を望むのみで、商工立国の基礎工事が遅々として進捗せぬのを見ては、居ても起つても居られぬやうな心持ちであつた。彼の封建的弊風陋習に対する深刻な嘲罵は、実にこの憂国の至情に基調して居たのだ。

この憂国者福沢が、一部世間から最も薄つぺらな、最も上すべりのした西洋崇拝家と間ちがへられたのも、時勢であれば致し方のないこととして、元禄、宝永から、正徳、享保にわたる徳川幕府の財政的非常時に際して福沢と立場の最もよく似て居たのは、前に述べた荻生徂徠である。徂徠は『夷人物茂卿』の一件からひどくえせ愛国者の批難を買つたが、彼の真の志は孔子の像に拝手稽首することにより、焦頭爛額の急に迫つて居る家国民生の死活問題を前に、無為無策、徒に人生社会の福祉と没交渉な性理の空論に耽り、事実を離れた倫理問題の討究に没頭して居る宋学者流の冷酷無情にあてつけたのだ。世襲の儒官、俗学者どもの徂徠に対する嫉視反感は一斉に起つた。斬新奇抜を衒ふ男、博覧宏識を誇る男、倫理道徳をなみする男、経書の神髄さへ把握し得ぬ男、無神論者、唯物論者、等、等、有らゆる批難攻撃が彼の一身に集中した。それはちやうど福沢諭吉が、間口ばかりだだ広くて奥行の狭い俗臭紛々たるえせ学者、国風国体の精華を泥土に委して、西洋文明の糟粕を嘗める為に趨る男、黄金万能主義を信ずる男、唯物功利の思想を鼓吹する男、宗教に涶する男と罵られて、最近までもドイツ流の学問、思想を宗とする官学者流からは、学者として共に齢することを恥づるものの如くに取扱はれて来たのとよく似て居た。

ただ福沢諭吉は、時潮に順つて帆をあげて居た為に、たとひ風波の難がその航程を妨げたことと徂徠のそれと同じであつたにしても、勝利の栄冠はまさしく彼の上にあつた。徂徠もその哲学、経済学、史学の三本マストを押立ててよく狂瀾怒濤と戦ひ、纔に覆没の難は免れたにしても、戦ひはすなはち彼の生涯であつた。

徂徠が若し諭吉の時代に生れたとしたならば、彼も恐らくは、学問をドイツに限らずと喝破し、行実の存するところ、大なる思想、大なる哲学なかるべからずと絶叫して、イギリスに学んだであらう。しかし、徂徠は幾程もなくベンザム、ミル、スペンサアの徒がその後学であることを識り、これを門弟扱ひにして居たかも知れぬ。

いづれにしても福沢はよい時勢にうまれた。それが彼の徳であつた。

［以下略］

（昭和九・一一『伝記』一の二）

福沢の文章

田中王堂

言論を以て生活の改造を図る者にとつては、文体は彼れの陣形である。彼れの策戦計画から陣形は造られ、又、陣形に依つて用兵の次第は左右される。されば、ここに或る一人の改革家が現はれたとすれば、私共は、当然、彼れの文体が新らしきものになることを予想し得る。そして、或る程度までは、彼れの文体よりして彼れの思想を覘《うかが》ふことが出来るし、又、彼れの事業よりして彼れの文体を覘ふことが出来る。然しながら、両者は併行して居るのでなくして、相抱合し、塡補して居るのであるから、真に全体として彼れの事業を鑑賞しようとするならば、時には、思想を主とし、彼れの文体を客としながら、彼れの事業の発動を見ることも必要であるし、又、時としては彼れの文体を主とし、彼れの思想を客として、其れの精神を見ることも必要である。ウオタア・ペエタアは、様式を外にしては哲学は無いと云つた。直接に生活の改造を企てる評論に取つては、なほ更さうである。

改革家たる天分を豊富に有《も》つて居た彼れ（福沢）は、夙くより、在来の文体の彼が武器とするに足らないことを覚つて、切りに、新時代の要求する文体を新たに創設することに苦心した。是れは、一生を通じて、彼れの得意としたことであつて、『福沢全集』緒言の中に、彼れが漢文流行の時代に於て、力《つと》めて通俗の文体を創設するに至つた由来と苦心とを委しく語つて居る。たとへば左の如きは其の一例である。

行文の都合次第に任せて遠慮なく漢語を利用し、俗文中に漢語を挿み、漢語に接するに俗語を以てして、雅俗めちやめちやに混合せしめ、恰も漢文社会の霊場を犯して其文法を紊乱し、唯早分りに分り易き文章を利用して通俗一般に広く文明の新思想を得せしめんとの趣意にして、乃ち此趣意に基き出版したるは西洋旅案内、窮理図解等の書にして、当時余は人に語りて云く、是等の書は教育なき百姓町人輩に分るのみならず、山出《やまだし》の下女をして障子越に聞かしむるも其何の書たるを知る位にあらざれば余が本意に非ずとて、文を草して漢学者などの校正を求めざるは勿論、殊更らに文字に乏しき家の婦人子供等へ命じて必ず一度は草稿を読ませ、其分らぬと訴る処に必ず漢語の六かしきものあるを発見して之を改めたること多し。然かのみならず、余が心事既に漢文に無頓着なりと決定したる上は勉めて此主義を明にせんことを欲し、例へば「之を知らざるに坐する」或は「此事を誤解したる罪なり」と云へば漢文の句調にて左まで難文にも非ざれども、態《わざ》と之を改めて「之を知らざるの不調法なり」又「此事を心得違したる不行届なり」と記すが如き、少年の時より漢文に慣れたる自身の習慣を改めて俗に従はんとするは随分骨の折れたることなり。又字義に就ても同様にして、例へば恐の字と懼の字と漢文には必ず其区別を明にすれども、和訓には二字共にオソルと読むゆゑ、先づ世間普通の例に倣ふて恐の字ばかりを用ひたり。此外余が著訳書中には漢文流の字義を誤りたるもの甚だ多し。実は自分にも其大概を知らざるに非ざれども、兎に角に通俗に分りさへすれば夫れにて宜しとして態と無頓着に附し去り、要は世間の洋学者を磊落放胆に導き漢学を蔑視せしめんとしたる臨機一時の方便なりと知るべし。（福沢全集巻一、緒言、六―八[*14]［句読点を加えた］）

彼れが平易な文体を創設するに如何に大胆であつて、又、如何に苦心を重ねたかは、此一事に依つてもほぼ窺はれることと思ふ。彼れは『余が文筆概して平易にして読み易きは世間の評論既に之を許し筆者も亦自から信じて疑はざる所なり』と平然語つて居る。然し、世人が彼れの工夫した平易な文体の意義と感化とに就て軽卒に考へて居ることは無論のこと、彼れ自身と雖ども、軽卒に考へて居た傾きがある。彼れが伝へようと勉めて居た思想は、文明は、独り平易な文体に依つて伝へることが出来る種のものであり、さうしなければ、其の意味の大半は失はるべきものであつたのである。彼れの企てた改革は、幾世紀間、凝固して来た見方、感じ方、考へ方を流動化することを必要としたものであつて、それには、思想が実際生活を崇敬することを其の中心としなければならぬ如く、文体は日常用語を尊重して其の道具としなければならなかつたのである。

西洋に於て、久しく学術界の用語とされて居つた拉甸語《ラテン》が、だんだんに廃せられて、近世語が用ゐられて来た時に、唯、それだけの事実で、如何なる革命が彼等の学術の上に起されたか。独逸の学者、詩人が仏蘭西語を捨てて、独逸語に依つて詩を作り文を草し始めた時に、如何なる特色が彼等の文学の上に発揮されたか。死語、若しくは、外国語に依つて、志を言ひ、事を論じようとすることの不都合なるは（一）比較的に少数の、しかも、特殊の階級に属する読者を目安としなければならぬから、それ等の人々の理会や感情を主として、国民一般の理会と感情とを疎外することになる。（二）著者、自身の思想を発表する前に、先づ不自然な媒介物を通じて、それを為さねばならぬから、どうしても自由と直接味とは大分に失はれて、中性な、非人格なものとならねばならぬ。是等の欠陥を伴ふ言語に依つて、未だ一度も、厳密な意味で、国民的運動の成就されたことのあるのを聞かない。

文人として、福沢氏が彼れの改革の事業を創《はじ》めた当時、我が国の文学は、如何なる状態に在つたか。だんだんに、国民生活とは隔たつて来た漢文、若しくは、古語に依つて、生活の極めて小部分なる風景、情趣、乃至、過去の政治、人物を或は詠歎し、或は、鑑賞するに過ぎなかつた。たまたま、現代語に依つて、政治や経済を論じた者もなかったではないが、それは、文学として権威の無いものとして取り扱はれて居たに過ぎぬ。是の時に、福沢氏は、根柢より過去の文明を顚覆する覚悟を以て文章を書き始めたのである。彼れの文章が、彼れの思想があつたと等しく、従来のものと全く其の選を異にし、又、異にしなければならなかつたのは、ただ自然と云ふ外はない。

福沢氏は、どうしても彼れの事業の目的から見て、従来のあらゆる文体に満足することは出来なかつた。どうしても新らしい文体を創設しなければならなかつた。彼れの目的は、新らしい文明を成るたけ多くの人々に伝へて、国民としての覚醒を惹き起すことであつた。それには、在来の文体は、二重に不適当のものであつた。在来の文体は、複雑であり、反省に富んだ現代文明を語る言葉ではない。又、其れは、一部の人士が過去の文明を追懐するに作られたものであつて、一般人の感想や欲望とは殆ど没交渉のものとなつて居つた。されば、彼れの目的に適した或る文体を工夫するといふことは、工匠が道具を洗錬し、武将が陣形を研究すると同様に、極めて重大な準備であつたのである。して見ると、彼れも、他人も、一口に平易と呼び倣《ならは》して居るものの中には、他人は無論のこと、彼れ自身と雖も、十分に理会し得なかつた程の豊富な意味が含まれて居つたのである。

一体、近世文明は現実を尊重し、自然に無理をしないといふ意味に於て、平易な文明である。然し、又、最も善くこの理想を実現しようとすると、一方には、過去の制度の惰力と戦ひ、他方には、現存の孤立しようとする傾向を防がなければならぬ。それであるから、生活をして平易なるものたらしめるには、多くの工夫が必要となる。それは柔軟であらねばならぬ。

平易の文体と云つても、それが、苟しくも現代生活の道具として、現代に於て工夫されるものならば、古謡とか神話とかいふ擬古的のものを除いては、悉く現代生活の特徴を助長すると同時に、それを利導して行くものでなければならぬ。平易といふことは、生活に於ても、文章に於ても、決して単純といふことではない。旧きものを改造し、新らしきものを建設して行くに、成るたけ無益な衝突や、消耗を尠なくして、剴切に、豊潤に、それをして行かうとするところから起るのである。されば、平易といふことは単純といふことではなくして、唯、柔軟といふことである。思想と言語と一致し、思想の曲折と言語の曲折と一致したことである。

福沢氏が盛んに文章に依つて生活の評論を試み始めた前は、厳密の意味に於て、我が国には評論、即ち Essay 又は Criticism なるものはなかつたのである。極めて稀有の史論、又は、政談を除いては、固定した道徳の標準に拠つて、憎悪の判断を下すに過ぎなかつた。福沢氏出でて、ここに始めて人間の性情に基づき、社会の成立を考へ、世界の大勢に照して、事物の意義と方向とを判する評論なるものが創められたのである。そして、我が同胞は福沢氏の文章に依つて、始めて、近世生活に導かれたのである。極端に云へば、文学の上に於ても、生活の上に於けると等しく、一度、或る問題に就て争闘が起つた時に、それを解決する方法は、殺戮か、盲従かに行く外に方法はなかつた時に当つて、彼れが、なほ他に一つの方法がある、それは、其れの理義を尽して、生活の大局より決することであるとして、その模範を示したことは、我が同胞にとつて、如何に尊とき福音であつたことであらう。

若し、或る人の為したやうに、世間の文学を大文学と美文学との二つに区別するのに多少の根柢があるならば、彼れのは、確かに大文学である。個々の文章に就ては、随分、情調に乏しく、音律に欠けて居るものも尠なくはないが、芸術といふものを最高義にとつて、最も経済的に、徹底的に、生活を改造することであるとするならば、彼れの言論の全体を一つの大芸術と見ない訳にはゆかぬ。旧日本といふ材料を取つて、それを自分の理想で醇化することに依つて、それを一つの作物とした点に於て、ここ五十年間、彼れに匹敵する者が一人でもあるか。して見れば、彼れの文体は、之れを個々の文章の中に索《もと》めずして、之れを全体としての彼れの言論の上に索めねばならぬ。

慶応四年、官軍と幕軍とが江戸に於て小競合を始め、上野に於て砲火が交へられた時に、都人士は狼狽其の為すところを知らなかつた間に、彼れは、悠然、砲聴を聞き、砲煙を看ながら、塾生を集めて、切りにウエェランドの経済書[*15]を講じて居つたさうである。そして、日本の前途に対して、これと、あれとは到底較べ物にならぬ程に、この方が重大な事件であると云つて居つたさうである。

この一事を取つて、其れを、彼れの事業と、彼れの日本に対する態度との最もよき象徴と見ることが出来、又、併せて、彼れの文体の象徴と見ることが出来る。ブフォンは『文体、それは人物そのものである』と云つた。福沢氏は、彼れの全生涯を通じて、万人に卓越せる文体を以て、万人の企及することの出来ない一大文章を書いて居つたのである。

（大正四刊『福沢諭吉』第四章）

体系的哲学者 Systematiker としての福沢先生

羽仁五郎

「人の著書を読めば固より不審なきを得ず。著者も亦其書中に意を尽さざるもの甚だ多し。依て福沢諭吉事、毎月十の日の午後三時半より、慶応義塾内万来舎に於て、自著の書を講じ詳に其義を演述せんとす。但し十月十日を初会として『文明論之概略』を以て始む可し。聴講の人は義塾の社中社外を問はず、随意に出席不苦事。」（明治十一年十月一日附慶応義塾講義所広告）

この由緒ある万来舎に於て、しかもその福沢諭吉先生の慶応義塾また時事新報等の事業に直接協力せられた一人である石河幹明先生の御出席のもとに、諸君の前に、一門外漢たる私が福沢先生についてお話申し上げることが出来ますのを光栄に存じます。最近私の小著『白石・諭吉』（岩波大教育家文庫）を書きながら考えたこと、特に今日は、それを書いた後になって考えたことについてお話しようと思う。

福沢先生は一般に西洋文明の模倣者とか移植者とか云われていることが多いようである。日本教育文庫で出た本などを見ても、先生が西洋的個人主義的生活原理を輸入したと書いてある。私なども以前にはそんなふうに思っていたこともあったし、普通一般にもそう考えられているようである。

田中王堂さんが書いて居られる本の中に「世人は彼れを西洋の文明の模倣者と看なして居る。彼れ自身にしても、西洋の学説の移植者に過ぎなかつたと考へて居つた。然し、公平に観察すると、彼れは模倣者でなかつたことは無論のこと、其れの移植者でもなかつた。彼れは、新しき文明と、新しき学説との創造者であつた」と云われている（『福沢諭吉』六二頁）。

文明の輸入は単に移植、模倣に止まるものではない。それは新しい文明、新しい学説の創造と考えねばならぬ。西洋文明といい、日本文明といっても、先生のいわれるように限りなく進歩する文明の一段階である。先生は西洋文明を目して「今の世界の人智を以て僅かに達し得たる頂上の地位と云ふべきのみ」とされている。西洋文明を輸入されただけでなく、新たに学説を創造された所に先生の意義がある。思想家がある偉大な思想をただ受け継ぐとゆうことはあり得ない。

思想史の上から考えて見よう。高橋誠一郎教授は「彼は世の多くの学者に見るやうな深遠なる体系を持つてゐない。その時の当面の問題に就いて切実な批判をされた」といわれている。

プロフェッサー・デニングはその著の中に「彼の哲学体系は我々にとっては不完全に思われる。多くの部門に就いて首尾一貫していない」と見て居られる。即ち体系的哲学者 Systematiker でないと見られているらしい。そして之は世間一般の考え方のようである。だが、はたしてそうであるか？

先生が体系的思想家 Systematiker であるかどうかは、思想史上、基本的な問題である。若し体系的哲学者 Systematiker であるとすれば、その思想史上の地位に非常に高いものとして認められねばならぬ。例えばカントやヘーゲルの如き思想史上第一流の地位にある人はこの条件を具えていた。Systematiker でない思想家は折衷にたくみな人であるとか、sharp な thinker であるとはいわれるが、第一流の思想家ではない。

では体系的哲学者 Systematiker とは何か。この点について、多くの哲学者、ことに我が国のいわゆる哲学者などの見解には甚だ浅薄なものがある。哲学体系などとゆう本を書く人が体系的哲学者であるとは限らないのである。形而上学、論理学、倫理学、美学などと形式をととのえる学者が真の体系的思想家であるとは限らないのである。深遠だとか、首尾一貫しているとか云っても、形式だけのことで、何等深刻の体験にもとづいているのでなく、何等かのやむにやまれぬ主張をもっているのでなく、つじつまだけあわせている折衷家もすくなくないのである。そんなものは形式上に体系を立てているにすぎず、真の体系的思想家ではない。私見をもってするに、真の体系的思想家とは、次のような思想家でなければならぬ。先ず第一に、その思想家に真に体験にもとづいて主張しようとするところのプリンシプル（原則）がある。そしてその思想がどうゆう問題にあたっても、どおゆう場合にも、その原則を以ってつらぬかれている。第二に、その原則をいかなる問題あらゆる場合に亘って、帰結を充分追求している。第三に、そればかりでなく、その原則にもとづいて、ひろく全般的にわたって、また時間的に当面また過去より現在未来にわたって、はっきりした見とおしをもっている。この三点が欠けていてはならない。

この三点を、先生について考えると、第一に、先生は真に深刻の体験にもとづいて自から主張しようとする一つの原則を持った思想家であるとゆうことを強調したい。日本の思想家には自己の原則を持った思想家は少い。無原則とゆうか、プリンシプルがなく、あっちえ押され、こっちえ合流便乗し、自から何を主張しようとゆうのか、所謂人の思想模倣しておるものが多い。西洋のみに止まらず、日本の思想の模倣をやっている。日本の思想でも、模倣は模倣である。之等に対して先生は日本思想史上、稀に見る深刻なる自立的の原則を持った思想家であると思う。日本に於いても文明について意見を述べた人はいるが、文明の原則について首尾一貫せる研究をした人は先生以外にはないと思われる。先生が婦人論に於いても「日本国は婦人の地獄なり」（日本婦人論後篇）とゆう風にいわれているのは、非常に原則的な思想家であったことを表わしていると思われる。先生は教育の原則を独立自尊、自主自由とゆう所に求められている。かかる見方は日本に少ない。かようにその原則を深い所に求められている。私は、先生の教育の原則を大体、次の四つである、と思う。第一、自主自由、第二、智育、進歩、真理、第三、十全教育、第四、責任教育、之等の原則を教育の原則とされているが、かかる意味に於いては、教育学説中、世界に於いても独自の立場を立てられている。教育の方法も所謂教育学者の考えることなどよりも、もっとさきに、もっと深く、考えねばならぬもののあることをはっきりさせておられる。官僚主義に対する倦まず撓まぬ反抗、言論集会出版の重視、早くから演説館また新聞を学生の言論のみでなく、主として公衆教育のためにも、教育の主要方法として用いられたことは、実に教育史上深く注目すべきことである。

第二には、その原則をコンセクェントにあらゆる場合に、どんな問題にも、中途でごまかしたりせず、はっきりと帰結を求められたことである。一例として、これはすこし極端とさえ見えたことだが、いわゆるその過を見てその仁を知る、この極端とさえ見えたところに先生の原則の貫徹の主義を見ると思うのだが、明治六年慶応義塾医学所を建てられた時に、当時に於いても医学はドイツ医学と極まっていたのに、先生は強いて英国医学を輸入されようとされた。その理由について、先生は「ドイツ学は普通深遠であるといふが、我輩之を信ぜず、思想なくして実業起らず、英人に深い哲学があるに違ひない」といわれて居り、此処にも先生の原則的な物の見方がある。先生は又、ドイツ医学の背後にはドイツ専制主義が横わって居り、英国医学の根柢には議会主義、即ち自由の精神が存すると考えられたのだ。そこで先生の採られる自由の原則に反する原則に立つドイツ医学を排されたのだ。いかなる場合にも所信をまげず、原則をつらぬこうとされたのは、敬服すべきことである。

先生は、その原則に拘らず都合の良い説をとるような一般の思想家とは違っておられた。先生はプリンシプルを持ったコンセクェントな思想家であった。先生がどこまでも帰結をごまかさず、コンセクェントに、あらゆる場合に所信原則を貫徹された態度には、これこそ真の体系的思想家の姿があった。遺憾ながら、わが国の思想家等には、個々の場合に於いて、自己の原則を追求していることが少い。即ち折衷主義となる。或は非常に妥協主義をとる。コンセクェントな思想家であるかどうかは、女性に対する態度においてもはっきりする。私は、ある思想家が第一流の偉い思想家すなわち体系的哲学者であるかどうかを見わける秘訣を諸君に伝授しよう。その一つは、その思想家なり哲学者なりの女性に対する考え方を見ることであり、その二は、その学者が労働者農民勤労階級についてどんな考えをもっているかを見ることである。まだあるが、さしあたり、この二つだけで充分である。福沢先生は、これらの点において、当時のみならず現代にいたるまで日本に稀に見る立派な第一流の思想を持っておられる。当時に於いては、先生のような婦人論を述べることは殊に困難であったろうと思われる。先生のような時代に於いて、然も先生のような資本主義時代に立った方にとっては、勤労階級に対する理解は殊に困難だったろうと思う。先生は一面に於いて、工場法に反対したりしていられたが、他方に於いて、労働者の自主的団結権罷業権を正当に理解しようとされたところもあり、先生が自己の原則を勤労社会にも適用しょうと努力された点が諸所に現われている。「学問のすゝめ」に於いて佐倉宗五郎をわが国古来の真の偉人の代表者と認められたことや、「文明論之概略」においても先生が一方では日本の農民は無気力であると頼みを置いていないところもあったが、最後に於いて、しかし、自分も士族の出身であるから農民人民の真情を正しく知っているとはいえないことが多かろう、人民に一度口を開かしめれば、日頃の鬱憤を政府に向って吐くだろう、と述べられたことなどは、先生のような環境に育った方にはなかなか出来ないことである。これは思想家として、良心あり原則あり帰結を回避せぬ本当の意味の体系的哲学者として、非常に傑出しておられた点である。

第三に体系的思想のもっておらねばならぬ見とおしについて。先生が十全教育とゆうような原則に立っておられたことは、全般的の見とおしを持っていられたためと思われる。封建時代にあってその倒壊を予見され、またその後、社会主義に対する見とおしをも持たれて、資本家に対して盛んに警告されていたのは、先生が歴史的の見とおしをもっておられたことを証明している。

「文明論之概略」は非常に保守的な者を自説に従わせない迄も、中立せしめようとされたものである。良心ある思想家は真の意味で戦略的思想家であらねばならないが、先生が高い意味で戦略的思想家であったとゆうことは先生がその原則を実現しようと努力された結果と思われる。

システムとは何か？　多くの思想家は形式上に哲学体系を立てるようなことだと思っている。しかし、そんな形式上の整備は職業的哲学者のことに過ぎぬ場合が多い。真の体系的哲学者は、自己また民衆の深刻な体験にもとづいた所信の原則をしっかり立てておらねばならぬ。そして、その原則を如何なる場合にもごまかさずコンセクェントにあらゆる部門に亘って追求してはっきりしているところがあり、ひろく且つながい見とおしをもっているところがあるのでなければ真の体系的哲学者 Systematiker とはいわれない。以上述べたことにより、福沢諭吉先生が日本に於ける古来またその後現代をもふくめてほとんど唯一の真の体系的哲学者思想家であるとゆうことの意味を、諸君は理解せられたであろう。

（昭和一二講演。昭和一五・一『福沢研究』第一号）

福沢に於ける「実学」の転回——福沢諭吉の哲学研究序説

丸山眞男

まえがき

福沢諭吉は日本のヴォルテールといわれる。我国に於て「啓蒙」を語ることは即ち福沢を語ることであるといっても過言でない。維新直後、彼が「西洋事情」や「世界国尽」や「西洋旅案内」や「学問のすゝめ」等矢継早の著作を以て急速に新時代の精神的指導者の地位を占めてから今日までほぼ八十年、その間福沢精神は必ず啓蒙への要望と結びついて回顧された。大西祝が「国民之友」三六二号に於て「一時勃然として起こりし啓蒙的思潮が未だ其の成し遂ぐべき事の半ばをも成し遂げざるに、既に早く歴史的回顧を事とし、歴史の連鎖を破ることを以て何物よりも恐るべき事となし、歴史に拘泥するを以て国家に忠なるものと誤想し、而して此の誤想が近時如何に我が教育界を固陋頑迷偏狭の弊に陥らしめたるぞ。（中略）予輩は此の点より見て維新以後の啓蒙的思潮が今一層の革命的精神を以て猛進せざりしことを悲まずんばあらず。今日に至るまで福沢翁が尚《なお》当年の啓蒙的思潮の精神を持続し特に最近再び其の声を大にして此の精神を鼓舞せんとせらるるを見ては、予輩は翁に対して同情を寄せざるを得ず。何ぞ歴史的差別と歴史的連鎖とに拘泥して革新進取の気象を失へることの甚だしきや。何ぞ文学、哲学、宗教、道徳、義理、人情に於ける非歴史的なる一大方面を掲ぐることの衰へたるや」と叱呼したのは福沢が輝かしい生涯の幕を間もなく閉じようとする明治三十年である。下って、大正の初年にも、田中王堂は「我が同胞に依つては未だ啓蒙運動の意味が十分に理解されて居らぬ。……我が同胞が啓蒙運動の意義を納得し、其れの洗礼を受けない間は、彼等は到底、如何なる事をするにしても、十分な文明の国民とは為り得ないものである」ことを警告し、その著「福沢諭吉」の第一章に「福沢に還れ」という標語を冠した。さうして、今次の惨憺たる敗戦によって、日本の維新以来歩み来ったいわゆる「近代化」の道程がいかに歪曲されたものであったかが白日の下に曝され、ひとびとが近代的自由を初歩から改めて学び取ることの必要を痛切に意識するに及んで、福沢諭吉はさきごろまでの汚名であった自由主義者乃至《ないし》個人主義的功利主義者という資格に於て、いままた舞台に呼び戻されようとするかの如くである。

「啓蒙」が時代の課題として取上げられる度ごとに、福沢が呼び出されて来たということはむろん当然の理由がある。彼の生涯は著作や教育活動を通じての民衆の「啓蒙」に捧げられたといいうるし、又彼の思想的立場が広義に於て啓蒙思潮に連っていたことも疑いえない。しかし福沢の名がこの様につねに啓蒙と結びつけられて来たことは、他面、福沢の思想の哲学的基盤に対する立入った吟味を妨げる結果となったことも否定出来ないのである。

啓蒙思想に於ては最も重要であり、最も光彩を発揮するのはその置かれた歴史的現実に対する仮借なき批判の内容それ自体であり、批判の方法的根拠は殆ど問題にならない。そうした点には啓蒙思想はしばしば無反省であり、かえってその克服せんとするアンシャン・レジームの哲学の方が精緻である。啓蒙思想は逆にそうした「精緻」さの蔭にひそむ反動性を揚抉しようとするのである。従って福沢が典型的な啓蒙主義者として浮び上って来るときには、ひとびとは、日本の社会的病理現象に対する彼の具体的な批判の適確さと華麗さに目を奪われて、深くその批判の底に流れる思惟方法に注意を向けようとしないのは当然であった。こうして福沢の哲学思想は明治初期の他の啓蒙思想家と無雑作に一括されて、啓蒙的な合理主義だとか功利主義だとか英仏的実証主義だとか漠然たる規定で片附けられてしまったのである。

もとより福沢は狭義の哲学者ではないから、彼の認識論なり価値論なりをそれ自身としてはどこにも提示してはゐない。しかし彼の諸著作を仔細に読むと、そこに一貫してある共通の物の見方、価値づけ方が感知されるのである。そうして、それは他の同時代の啓蒙思想家たちと決して単純に同視しえない、きわめて特徴のあるものである。福沢を単に啓蒙的な合理主義乃至は実証主義、功利主義の名で規定し去ることは――こうした規定はむろん全く間違いとはいえないが――そのニュアンスを殺してしまう結果となる。しかもとくに強調したいのは、そうした福沢の「哲学」こそ、彼の掲げた独立自尊の精神を根底から基礎づけていることである。福沢の自由の精神をこの基礎まで掘り下げることによって、彼の問題意識が一般に考えられているよりはるかに深奥なものであった事が理解せられるし、同時に福沢の提出した問題の現代的意義が愈々《いよいよ》切実に我々に迫って来るのである。

本稿はこうした彼の基礎的な思惟方法の分析に入るにさきだって、それへの手がかりとして、まず彼の学問観を解明してみたいと思う。それは福沢に対する広く行われている誤解が、この学問観の把握の仕方に根ざしてゐる様に思われるので、この点を追究して行くことが、福沢の思想を正しいパースペクティヴの下に置くための不可欠の前提となると考えられるからである。

一

福沢が伝統的な学問意識に対して革命的な転回を与えたことは広く承認されている。彼の名声と最もよく結びついている著書が「学問のすゝめ」といふ標題を冠したことは偶然ではない。この書はまさしく、全く新たなる学問観の提唱であった。しかし問題はその「革命」的転回の意義づけ方にある。それは果していかなる方向からいかなる方向への転回であったか。——

「学問のすゝめ」の初編に有名な学問観が述べられてゐる。[1]

「学問とは唯むづかしき字を知り、解し難き古文を読み、和歌を楽み詩を作るなど世上に実のなき文学を云ふにあらず。これ等の文学も自から人の心を悦ばしめ随分調法なるものなれども、古来世間の儒者和学者などの申すやうさまであがめ貴むべきものにあらず。古来漢学者に世帯持の上手なる者も少く、和歌をよくして商売に巧者なる町人も稀なり。これがため心ある町人百姓は、其子の学問に出精するを見て、やがて身代を持崩すならんとて親心に心配する者あり、無理ならぬことなり、畢竟《ひつきよう》其学問の実に遠くして日用の間に合はぬ証拠なり。されば今斯る実なき学問は先づ次にし、専ら勤むべきは人間普通日用に近き実学なり」

この様にして、福沢は空疎にして迂遠な漢学や有閑的な歌学に対して、「人間普通日用に近き」実学を対置した。そこにはじめて他人の労働に寄食する生活を前提としていた学問からの解放が宣言され、福沢のいわゆる「自ら労して自ら食ふ」生活の真只中に据え置かれた。そのことの意義は限りなく大きい。しかし福沢のこの文章が天下に喧伝され、「実学」が流行語となり、福沢学が実業学としてのみ普及して行ったことは、同時に、福沢の学問観に於けるもう一つの——むしろヨリ根本的な——「革命」を見失わしめる危険を生んだ。そうして、福沢学全体を卑俗な現実的功利精神と見る俗見も主として、この一文の解釈から醱酵しているのである。

若し福沢の主張が、単に「学問の実用性」「学問と日常生活との結合」というただそれだけのことに尽きるならば、そうした考え方は決してしかく斬新なものではない。この点では福沢は継承者ではあっても断じて革命者ではないのである。いわゆる空虚な観念的思弁を忌み、実践生活（後述する如くその具体的意味内容が問題なのだが）に学問が奉仕すべき事を求めるのは日本人の観念生活に於ける伝統的態度だといっていい。(2) いなむしろ、実践的必要から切り離された理論的完結性に対して無関心なのは東洋的学問の特色とさえいわれている。(3)「実学」という言葉を盛に主唱したのは、儒教思想のなかでも抽象的な体系性を比較的多く具えている、程朱学（宋学）であった。しかもその宋学が我国に移入されて徳川初期に全盛を誇って間もなく、熊沢蕃山や山鹿素行によって、その観念的思弁的性格を指摘されてゐる。例えば山鹿素行は、正しい学問の筋にかなっていない者は、「たとひ言行正敷《ただしく》身を修《おさめ》、千言万句をそらんじ申候者に而も、是《これ》は雑学に而《て》、聖堂之筋にて無之候と分明にしれ候」（配所残筆）として、「日用大いにくら」き「文字の学者」を排し、「聖学之筋には文字も学問も不入《いらず》、今日承《うけたまわり》候而《て》今日之用事得心参《まいり》候」（同上）が真の学問なりとしてまさしく是を実学と呼んだ。是を福沢の「実学」と比較せよ。一は「千言万句をそらんじ」ながら「日用大いにくら」き学問に対する攻撃であり、他もまた「唯むづかしき字を知り解し難き古文を読み」ながら「日用の間に合はぬ」学問に対する批判である。もしその「実学」の具体的構造の相違（これこそ後に我々が問題とする点である）を、一応括弧に入れるならば、学問と日常的実践の結合の主張に於て両者は全く軌を一にしている。そうしてこの様な学問に於ける「現実」的傾向は古学のみならず、「知行合一」を唱うる陽明学より、「学問事業其効を殊にせず」（弘道館記）をモットーとする水戸学に至るまで、一貫して流れていたのである。むしろ、吾々は後にそうした「現実主義」がいかに一定の社会体制下にはぐくまれる必然的な意識形態であるかを明にするであろう。

或は、古学や水戸学で唱える日常的実践はもっぱら武士階級を対象としたのに対し、福沢のそれはなにより庶民への「学問のすゝめ」であったという事が主張されよう。しかし庶民生活と学問との結合という点に於ても主唱者の地位を福沢に帰することは出来ない。周知の如く吾々は心学という先輩をもっているのである。例えば石田梅岩の「都鄙問答」を見よう。そこで梅岩は商人に学問は不要だとの俗説に力をこめて抗議している。「学問をさせ候者ども十人が七八人も商売農業を疎略にし、且《かつ》帯刀を望み、我をたかぶ」るという理由で子供に学問をさせるのを躊躇している親に対し、梅岩は、それは真実の学問をしないからで、学問とは日常の人倫に外ならず、「家業に疎からず財宝は入を量《はか》りて出すことを知り、法を守りて家を治む」る様になるのが真実の学問だと答えている（都鄙問答）。ここでも、「身代を持崩す」様な学者の学問に対する不信、日常的経済生活への学問の浸透の主張に於て、さきの福沢のテーゼと全く路線を同じくしている。かくして、いわゆる生活から遊離した有閑的学問を排除し、学問の日常的実用性を提唱したという点、及び、学問を支配階級の独占から解放して、之《これ》を庶民生活と結びつけたという点に於ける福沢の努力と事業は、もとより顕著なものがあったとはいえ、そうした方向はアンシャン・レジームの学問的伝統に決して無縁のものではない事が知られる。従って、こうした面からのみ福沢の思想を捉へて行くならば、その「実学」はたかだかそうした東洋的な「実用主義」の基底に立って、之を新たなる歴史の段階に適用させたものにとどまるであろう。そこには内在的なものの発展はあっても、なんら本質的に他者への飛躍、過去との断絶は存しないこととなるのである。

　福沢の実学に於ける真の革命的転回は、実は、学問と生活との結合、学問の実用性の主張自体にあるのではなく、むしろ学問と生活とがいかなる仕方で結びつけられるかという点に問題の核心が存する。そうしてその結びつきかたの根本的な転回は、そこでの「学問」の本質構造の変化に起因しているのである。この変化の意味を探って行くことが、やがて福沢の実学の「精神」を解く鍵である。

二

すべての時代、すべての社会は、夫々《それぞれ》典型的な学問を持っている。ある時代、ある社会に於て学問の原型とせられるものが何か、ということは、その時代なり社会なりの人生と世界に対する根本的な価値決定に依存している。従って、逆に、そうした中心的学問分野の移動によって、人間の生活態度そのものの変転を知ることが出来る。この意味に於て、福沢の提示した学問と生活の結びつきかたの「革命」性は福沢がいかなる学問を以て典型的学問の「原型」と為したかを見、是をアンシャン・レジーム下に於けるそれと対比させる事によって、なにより、明かとなる。

福沢は自伝の中でこういっている。

「古来東洋西洋相対して其進歩の前後遅速を見れば、実に大造《たいそう》な相違である。双方共々に道徳の教もあり、経済の議論もあり、文に武におのおの長所短所ありながら、扨《さて》、国勢の大体より見れば富国強兵、最大多数最大幸福の一段に至れば、東洋国は西洋国の下に居らねばならぬ。国勢の如何は果して国民の教育より来るものとすれば、双方の教育法に相違がなくてはならぬ。ソコで、東洋の儒教主義と西洋の文明主義と比較して見るに、東洋になきものは、有形に於て数理学と、無形に於て独立心と此二点である。……近く論ずれば今の所謂《いわゆる》立国の有らん限り、遠く思へば人類のあらん限り、人間万事、数理の外に逸することは叶はず、独立の外に依る所なしと云ふ可き此大切なる一義を、我日本国では軽く視てゐる。是れでは差向《さしむ》き国を開いて西洋諸強国と肩を並べることは出来さうにもない。全く漢学教育の罪である」（傍点筆者）

つまり彼は東洋社会の停滞性の秘密を数理的認識と独立精神の二者の欠如のうちに探り当てたのである。この二者が相互に如何に関連するかということは行論のうちに明らかになろう。差当りここでの問題はヨーロッパ的学問の核心を「数理学」に見出したといふことである。数理学と彼が云っているのは、厳密にいうと近世の数学的物理学、つまりニュートンの大成した力学体系を指す。（他の個所では彼は「東西学の差異は物理学の根本に拠ると拠らざるとの差異あるのみ」（続福翁百話）という様に単に、物理学という言葉を用いている）。これは福沢に於ていわば学問の学問であり、あらゆる学問の基底であり、予備学であった。「我が慶応義塾に於て初学を導くに専ら物理学を以てして恰《あたか》も諸科の予備と為す」（物理学之要用、全集十）。ところで之に対してアンシャン・レジームに於て学問の中核的地位を占めたのは何であるかといえば、いうまでもなく修身斉家の学、すなわち倫理学である。そこでは学とは「教へ」であり、教学が学の本来的なあり方である。そうしてその「教へ」はすぐれて、「道」の教えにほかならぬ。

「道学」が一切の学問の根本であり他の一切の学問は「道」を求めるという目的に奉仕する限りに於て存立を許容される。かくして、宋学なり古学なり、心学なり、水戸学なりの「実学」から、福沢の「実学」への飛躍は、そこでの中核的学問領域の推移から見るならば実に倫理学より物理学への転回として現われるのである。

　学問の中心的地位を倫理学より物理学へ移したということは、しからば何を意味するであらうか。それは決して、人生と世界の中心価値を精神より物質へ置きかえたという様な卑俗な「唯物」主義でないのはむろんのこと、単に学問的関心の重点を人倫乃至社会関係から自然界に移したというふうにも理解されてはならない。アンシャン・レジームの学問にもそれなりに形而上学（Metaphysik）もあれば自然学（Physik）もある。「一木一草の理を窮める」とは朱子学者の好んで口にするところであった。他方福沢の学問的対象が人文科学よりもヨリ多く自然科学に向けられたとは何人も思わない。むしろ福沢が高く掲げた「独立自尊」の旗幟はほかならぬ倫理の問題であった。福沢の晩年に、彼の門下が独立自尊主義を要約した二十九条の綱領は、彼の指示によって「修身要領」と名づけられたのである。福沢にとっては、我国の近代化の課題はなによりも文明の「精神」の把握の問題として捉えられた。「文明の外形」たる物質文明の採用に汲々として、「文明の精神をば捨てて問は」ざる当時の文明開化の風潮に対する警告こそが、まさに「文明論之概略」の根本動機ではなかったか。物理学を学問の原型に置いたことは、「倫理」と「精神」の軽視ではなくして、逆に、新たなる倫理と精神の確立の前提なのである。彼の関心を惹いたのは、自然科学それ自体乃至その齎《もたら》した諸結果よりもむしろ、根本的には近代的自然科学を産み出す様な人間精神の在り方であった。その同じ人間精神がまさに近代的な倫理なり政治なり経済なり芸術なりの基底に流れているのである。「倫理」の実学と「物理」の実学との対立はかくして、根底的には、東洋的な道学を産む所の「精神」と近代の数学的物理学を産む所の「精神」との対立に帰着するわけである。

三

アンシャン・レジームの学問に於て倫理学が学問の原型をなしたということは、前述した様に、そこで、自然認識が欠如もしくは稀薄であった事を意味するものではなかつた。問題はそうした自然が倫理価値と離れ難く結びついて居り、自然現象のなかに絶えず倫理的な価値判断が持ち込まれるという点にあるのである。自然は人間に対立する、外部的なものではなくして、むしろ本質的に精神的なものと考えられる。そうして自然が精神化される事は同時に精神が対象化によって自然化され、客観的自然界のうちに離れ難く編み込まれる結果をもたらすのである。このことを、徳川時代の著名な学者の叙述を二つ挙げて例示して見よう。

「天ハヲノヅカラ上ニアリ、地ハヲノヅカラ下ニアリ。已ニ上下位サダマルトキハ、上ハタットク下ハイヤシ。自然ノ理ノ序アルトコロハ此上下ヲ見テシルベシ。人ノ心モ又カクノゴトシ。上下タガハズ貴賤ミダレザルトキハ人倫タダシ、人倫タダシケレバ国家ヲサマル」(林羅山、経典題説)

「礼の本源をいはば、天高く地ひきくして各《おのおの》その位あり。日月星辰より風雨霜雪草木禽獣等の万物にいたるまで、各々その形色をあらはし、各其分限かはり、各時節の序あり。是天地万物の上に自然に各高下次第品節わかれたり。即是天地の礼なり。聖人これに法《のつ》とりて礼を作り給へり。礼は序を以て主とすればなり」(貝原益軒、五常訓)

この二つの言説をひきくらべると、論述のはこび方の著しい類似性が容易に感知されるであろう。そこで意図されてゐるのは、共に上下貴賤の差別に基く社会的秩序の基礎づけであり、その基礎づけが共に自然界からのアナロジーに於てなされている。社会的秩序は自然現象の間に見出される整合性との対応のうちにその正当性の根拠を持っている。それは自然の秩序に相即するがゆえに、まさに自然的秩序と観ぜられるのである。しかも重視されねばならぬのは、かくの如く、社会秩序を基礎づけるべき「自然」のうちに実は社会の秩序的価値を最初から忍び込ませていることである。天は高く地は低いことが天地の秩序を成している。故に、人間も是と同じく上下貴賤の関係に於て結びつく時にのみ正しい秩序が保たれる、という論理は、天地を上下関係と見る自然認識の素朴性を全然度外視しても、空間的な意味での上下関係をそのまま価値的な上下（貴賤）関係として妥当させる事によってのみ可能となる。社会的位階観を通じて捉えられた自然によって、ほかならぬ社会的位階が底礎されている。このタウトロギーがタウトロギーとして自覚されないという事がなにより、こうした論理を成立させている社会関係とそこでの人間意識の特質を示しているのである。

だから、社会秩序を自然現象からのアナロジーに於て基礎づけるといういい方も実はこうした論理を正確に表現したものとはいえない。アナロジーは通例、類比されるもの相互の異質性が、使用者に意識されているのに、上の場合では、むしろ自然と社会、自然法則と人間的規範との間に明確な一線が画されず、むしろ逆にある根源的な共通性が前提されているのである。両者はなにか本来的に一なるものの現象的な分化にほかならぬ。社会秩序と自然界との相互的な補強は、この両者の基底にある根源的なものの媒介によって可能となるのである。これがすなわちみち（道）と呼ばれるものである。自然に行われる「道」（天道）と人間関係を支配する「道」（人道）との本質的な同一性の意識がヒエラルヒッシュな社会関係の支柱であり、さればこそそうした社会関係の下に生み出される学問は必然的に「道」学たらざるをえないのである。

この意味に於て、かかる道学の代表としての儒教、就中《なかんずく》それを最も理論的に整備した宋学の思惟方法には、アンシャン・レジーム下の人間と社会と自然の在り方が見事に浮彫にされている。すなわち、儒教に於ける天人合一は、宋学に於て、太極＝理によって根拠づけられ、この太極によって人間と社会と自然はただ一すぢに貫通されている。宇宙的秩序を究極的に成立せしめる天理（天道）が人間性に内在しては本然の性となり、社会秩序に対象化されては君臣・父子・夫婦・兄弟・朋友の「倫」となる。従ってさうした社会的秩序の根本規範は人間性にアプリオリに内在するものであるから人間の本来的なあり方はそうした客観的所与としての社会秩序に帰依する以外にはありえない。他方、そうした社会秩序は宇宙的世界に連なる事によって永遠の循環のうちに再生産される。人間は社会に繋縛され、社会は自然に繋縛される。しかもその三者を貫く太極乃至天理は「誠は天の道なり」といわれる如く、実に、誠という倫理性を本来的に賦与されているのである。これは自然と人間を貫くいわば根源的倫理性である。従って、一木一草の理をきわめるという自然探究も、畢竟「一物おのおの一太極を具ふ」るが故に意義づけられる。つまり自然的事物のなかに、内在する根源的倫理性を認識することによって、人間関係を規律する倫理（仁義礼智信）の先天的妥当性を一層確認することが、そこでの自然探究の目的であり、又それ以外であってはならぬ。人間的価値から独立した純粋に外的な客観的自然というものは成立の地盤がないのである。「物理」は「道理」としてのみ自らを顕現する。

程朱学の基底に横わるこの様な思惟傾向は究極に於て、アンシャン・レジームの社会体制とそこでの普遍的社会意識の反映であり、その限りに於て、同時代のすべての学派乃至思潮には、学説の相違を超えた「精神」の問題としては根本的な共通性が見出されるのである。もとよりそうした「精神」の宋学に於ける様な純粋性は徳川時代を通じて必ずしも保たれなかったし、その解体の傾向は徐々ながら進行していたことも、嘗《かつ》て筆者が特殊の側面から指摘した如くである。(4) しかし道の学問が一切の学問のIdealtypusであり、その「道」に於て物理と倫理が、存在的な「法則」と価値的な「規範」とが、微妙に交錯してゐたという事情はついに根本的な変革を見なかった。そのことは、そうした考へ方がいかに根強く、社会体制そのものの構造的特質に根ざしているかを物語るものにほかならない。身分的な位階関係が全社会を貫徹しているところでは、人間は生れ落ちた時から既に一定の社会的位置を指定されて居り、その環境は彼にとって運命的なものにまで固定化される。すべての人間が彼にとっての先天的な位置を「分限」として、遵守する事が、全社会秩序の安定性の基礎である。生活は伝統と因習の単純なる再生産であり、まさに四季の如く循環的である。ここでは社会は人間によつて主体的に担われているのではなくして逆に、所与としての社会秩序への依存性が人間の本来的なあり方である。そうした先天的環境への依存が「価値」であり、それからの離脱がすなわち反価値にほかならぬ。従って、一切のイデオロギーは畢竟「貧福ともに天命なればこの身このままにて足ることの教」（石田梅岩）たらざるをえない。こうした社会体制の下、一定の社会関係の枠の中に生長した人間に、社会秩序と自然秩序の自同性の意識がはぐくまれるのはあまりにも当然といわねばならぬ。その反面彼は彼に与えられた社会的規定（家老であるとか、足軽であるとか、百姓であるとか、町人であるとか）と共にあり、それを離れては存在しないのであるから、個人が社会的環境を離れて直接自然と向い合うという意識は成熟しない事も了承に難くないのである。人間が己れをとりまく社会的環境との乖離を自覚したとき、彼ははじめて無媒介に客観的自然と対決している自分を見出す。社会からの個人の独立は同時に社会からの自然の独立であり、客観的自然、一切の主観的価値移入を除去した純粋に外的な自然の成立を意味する。環境に対する主体性を自覚した精神がはじめて、「法則」を「規範」から分離し、「物理」を「道理」の支配から解放するのである。

四

福沢が「物ありて然る後に倫あるなり、倫ありて然る後に物を生ずるに非ず。臆断を以て先づ物の倫を説き、其倫に由て物理を害する勿れ」（文明論之概略、巻之一）と断じたとき、それが思想史的に如何に画期的な意味を持っていたかということは、以上の簡単な叙述からも理解されるであろう。彼は社会秩序の先天性を払拭し去ることによって、「物理」の客観的独立性を確保したのであった。上の言は直接には、君臣の倫をアプリオリとする宋学理論に対する駁撃を目標としているのであるが、それはつまり「物理」精神の誕生が、身分的階層秩序への反逆なくしては可能でない事が福沢に於て明白に自覚されていたからであった。彼が独立自由の精神と数学物理学の形成とをヨーロッパ文明の核心と考えたという事は、いかに彼が近代精神の構造に対する透徹した洞察を持っていたかを如実に示証している。

ヨーロッパに於て精神と自然が一は内的なる主観として一は外的なる客観として対立したのはまぎれもなくルネッサンス以後の最も重大な意識の革命であった。古代に於ても中世に於ても夫々異った形態に於てではあるが、両者は相互に移入し合った。ここで基底となってゐたのは、アリストテレスの質料—形相の階層的論理であった。そうして、それは同時に、スコラ哲学に於て社会的秩序の位階制を基礎づける論理でもあったのである。近世の自然観は、このアリストテレス的価値序列を打破して、自然からあらゆる内在的価値を奪い、之を純粋な機械的自然として——従って量的な、「記号」に還元しうる関係として——把握することによって完成した。しかも価値的なものが客体的な自然から排除される過程は同時に之を主体的精神が独占的に吸収する過程でもあった。自然を精神から完全に疎外し之に外部的客観性を承認することが同時に、精神が社会的位階への内在から脱出して主体的な独立性を自覚する契機となったのである。ニュートン力学に結晶した近代自然科学のめざましい勃興は、デカルト以後の強烈な主体的理性の覚醒によって裏うちされていたのである。それはデューイがいう様に、理論的に自然に服従することによって実践的に自然を駆使するところの逞しい行動的精神であった。(5)

この近代理性の行動的性格を端的に表現するのが、いはゆる実験精神である。近代的な「窮理」を中世的なそれから分つものはまさにこの実験である。理性は単に本質を観想するにとどまらずして、実験を通じて自然を主体的に再構成しつつ、無限に新領域へ前進して行く。そこに近代科学の驚くべき成果が咲き出でたのである。福沢が物理学を学問の「範型」としたということは、つまり、この実験的精神を学問的方法の中核に据えたことにほかならない。「開闢の初より今日に至るまで、或は之を試験の世の中と云って可なり」(文明論之概略、巻之一)という確信に基いて、福沢はこの実験的精神を単に自然科学の領域だけでなく、政治、社会、等の人文領域にまで徹底して適用したのである。一切の固定的なドグマ、歴史的な伝統、アプリオリとして通用している価値は、峻厳に彼の実験的精神の篩《ふるい》にかけられて、無慈悲にその権威の虚偽性を暴かれて行った。彼の前には事物であれ制度であれ、その人間生活にとっての「働き」(機能)の検証を俟《ま》たずしてそれ自体絶対的価値を主張しうるものは何一つ存在しなかった。この実験精神に基く機能的な見方については、我々は次の機会に論ずるであろう。ここではただ福沢の物理学主義が実験的精神と不可分であったこと、実験を通じての絶えざる主体的操作の必要が、彼の哲学に於ける著しい行動的実践性を賦与していたことを指摘するにとどめる。同じく自然科学主義の立場に立ちながら、人間主体をば客観的自然の必然的関聯のなかに見失ってしまった加藤弘之の合理主義と福沢のそれとを根本的に分つモメントはまさにここにあったのである。

五

「倫理」を中核とする実学と物理を中核とする実学とがその根底をなす精神に於ていかに対立するかは以上に於てほぼ明にされたと信ずる。従って、そうした精神の根本的相違はまた生活と学問との結びつき方、生活に対する学問の浸透の仕方にも革命的な転回を与えねばやまない。アンシャン・レジームの学問が畢竟社会化された自然と、自然化された社会に内在する「道理」の認識にあるならば、それが目ざしている理想的な境地はそうした自然(社会)秩序との完全な合一以外にはない。だから「聖人は天地と其の徳を合せ日月と其の名を合せ、四時と其の序を合す」(太極図説)といわれるのである。そうして人間の価値的序列はこの聖人からのさまざまの偏差として、秩序への帰一の程度に応じて定められる。分限を超えることによって秩序の永劫回帰を擾乱することが最大の悪である。「秩序の合理主義」（Rationalismus der Ordnung）[6]といわれる儒教はもとより、主として、庶民に呼びかけた江戸心学が行きついた帰結も結局、「何ほど奢りかざるとも、農人は農人、町人は町人にて等《しな》の踰《こえ》らるるものにあらず。夫《それ》をしらざるは愚痴なり」（斉家論、上）されば、「天下の御政道に背かぬが即ち民の心学なり」（やしなひぐさ）というところにあったのである。従ってそこでの生活態度を規定するものは、環境としての秩序への順応の原理である。自己に与えられた環境から乖離しないことがすなわち現実的な生活態度であり、「実学」とは畢竟こうした生活態度の習得以外のものではない。そこでいわれる学問の日用性とは、つきつめて行けば、客観的環境としての日常生活への学問の隷属へ帰着するのである。ところが福沢に於てはどうか。ここでは生活はなんら客観的環境ではない。「人生の働には際限ある可らず」「人の精神の発達するは、限あることなし、造化の仕掛には定則あらざるはなし、無限の精神を以て有定の理を窮め、遂には有形無形の別なく、天地の事物を悉皆人の精神の内に包羅して洩《もら》すものなきに至る可し」（文明論之概略、巻之三）。物理の「定則」の把握を通じて人間精神は客観的自然を逞しく切り開き、之を「技術化」することによって自己の環境を主体的に形成するのである。かしこでは理論の前進が「現実」への顧慮によって絶えずひき戻され、ここでは、逆に、「人間万事学理の中に包摂」されるその日まで、ひたむきに理論が押し進められて行く。かしこでは学問が現実に「順応」せしめられ、ここでは逆に現実が学問によって改変される。「余り理論に傾くときは、空理としてこれを斥け、絶えず実学の本領に反省せしめることを忘れないのが、東洋の学の風である」（西晋一郎、東洋倫理、八頁）ならば、福沢に於ける実学はむしろ之と真正面から対立し、「如何なる俗世界の些末事に関しても学理の入る可らざる処はある可らず」（学生諸氏に告ぐ、全集九）という立場からして、生活のいかなる微細な領域にも、躊躇することなく、「学理」を適用して是をすみずみまで浸透させる。理論と現実は実験を通じて絶えず媒介されているから、一見学理の適用不能に見える場合でもそれは「未だ究理の不行届なるものと知る可し」（物理学の要用、全集八）であって、決して中途で理論を放擲して、「現実」と安易な妥協をしない。従って又福沢の実学は卑俗な日常生活のルーティンに固着する態度とは全く反対に、そうした日常性を克服して、知られざる未来をきり開いて行くところの想像力によってたえず培わるべきものであった。だから逆説的にいえば、アンシャン・レジームの学問がなにより斥けるところの「空理」への不断の前進こそが、生活の学問とのヨリ高度の結合を保証すると考えられたのである。福沢が、古事記を暗誦しながら、自己の生計すらたたない様な学問を嘲笑し、「文明男子の目的は銭にあり」（学者と町人、全集十）とまで極言したことからそこに「かねもうかるの伝授」（脇坂義堂）の発展を見、「人間は欲に手足のついたるものぞかし」（西鶴）といった江戸町人の俗流功利主義の嫡流とのみ[7]観るならば、彼が他方に於て、「学問するには其志を高遠にせざる可ら」ざる事を繰返し力説して、あまりに日常的なものへの学問の固着を極力警《いま》しめたこと（例えば学問のすゝめ、十編）、また彼が、学問の発達のためには、「今の不学なる俗政府」にも「近く実利益を期する」様な寄付金にも頼りえずとし、「爰に一種の研究所を設けて、凡そ五、六名乃至十名の学者を撰び、之に生涯安心の生計を授けて学事の外に顧慮する所なからしめ」、研究の方針についても「其成績の果して能く人を利するか利せざるかを問はざるのみか、寧ろ今の世に云ふ実利益に遠きものを撰んで」研究させる事を提議している（人生の楽事、全集十四）様な態度は全く理解しえぬ事となろう。事実はむしろ福沢が範とした所の「近代物理学」の体系は環境に密着した日常的具体性からは決して生れないこと、それが感性的な制約を排除した「自由なる精神」の所産であることについて同時代の何人よりも深い理解を持っていたのはこのいはゆる「実利」主義者だったのである。

客観的秩序への順応が人間の本来的な行動様式となるとき、そこに容易に発生するのは経験的な機会主義《オポーチユニズム》である。自己に与えられた状況を「原則」に関係づけて処理するのではなくして、逆にそうした状況に絶えず自らを適合させて行こうとする。「道理」に基くといっても、結局そこでの道理は前述の如く客観的秩序に対象化されているのであるから、具体的に行動の指針となるのは専ら過去の経験の蓄積以外にない。これは狭義の倫理的行為の場合だけでなく、認識活動の場合もそうである。東洋的な学問技術文化の特色が経験の尊重にあるといわれるのはそのためである。ここで「経験」は本来過去的なものとして理解され、また主体が客体から受取るものとして、もっぱら受動的に把握されている。ところが日常的生活経験をいかに累積しても、そこからは法則は生れない。法則は単なる客体からの経験の受動的な享受のうちに生み出されるのではなく、前述した如く、主体が「実験」を以て積極的に客体を再構成して行く処に成立つ。近代的な「経験」概念はかかる能動的なモメントを含み、従ってまた過去的なものよりはむしろ未来的な展望性をはらんでいるのである。錯雑した経験的現実をば実験を通じて「法則」にまで抽象することによって、未来への予測と計量が可能となる。福沢が西洋医と漢方医の根本的相異を述べて、一が「真理原則」に依拠するのに対して、他はもっぱら「偶然の熟練に由来」し、従って、前者の技術が普遍性と伝播性を持つのに対し、後者のそれは一代限りに終ってしまって発展性に乏しい事を指摘し（医説、全集十二）また、「西洋流と古学流」と題する一文（全集九）に於ても、支那や日本で、「天然の物に人為の変形を施し以て人事の用に供し」鉄から刃物をつくり、木石を切て家を建てる等々、の技術は「其成跡を見れば皆物理に拠らざるはなしと雖も、其これに拠るや学問上の真理原則を弁へて然るに非ず、唯偶然の僥倖に得たる所を其ままに利用し夢中の練磨を重ねて夢中に改良したるものなれば、如何に成跡の美あるも学問上より見るときは更に頼むに足らずして真実の改良進歩は望む可らざることと知る可し」と東洋的な手ばなしの経験主義を批判しているとき、彼はまさしく東洋学と西洋学の方法論的相異の底にひそむ二つの生活態度の対立に注目したのである。福沢は数学と物理学を以て一切の教育の根底に置くことによって、全く新たなる人間類型、彼の所謂「無理無則」の機会主義を排してつねに原理によって行動し、日常生活を絶えず予測と計画に基いて律し、試行錯誤（trial and error）を通じて無限に新らしき生活領域を開拓して行く奮闘的人間——の育成を志したのであつた。

六

以上に於て、福沢に於ける「実学」の転回が、人間精神のどの様な革命を内包していたかについての一応の検討を終えることとし、最後に是に接続する一つの問題を提起して本稿を閉じることとしよう。福沢は上述の如く、近代自然科学をその成果よりはむしろそれを産み出す「精神」から捉えて行った。人間の主体的自由と物理学的自然とはかくして相互に予想し合うところの両極として認識せられた。それは近代精神の形成過程に対するたしかに深い洞察ではあった。しかし我々はヨーロッパ思想史に於てこの両極の結合がやがていたましく崩壊して行く過程を知っている。機械的自然は人間の主体性の象徴たることから転じてやがて人間を呑みつくすところの無気味なメカニズムとして映ずる様になった。人間は宇宙の精密な因果的連鎖のなかの無力な微粒子として自らを意識した。啓蒙期に於ける科学的進歩の無限性の楽天的信仰は恐るべき幻滅と宿命感に取って代られた。進化論の教えた自然陶汰はこの幻滅を決定的にした。科学は人間生活を解放するかわりに是に重苦しい圧力として作用した。人はあらゆる内在的価値や意味をはぎとられた機械的自然の冷酷に堪えきれなくなり、やがてラスキンの浪曼主義やトルストイの田園讃美の懐に逃げ込んだ。この自然科学的世界像の意味変化が正当であるかないかという事はここで論ずべき限りではない。要は福沢が果してこの近代精神の一極たる科学主義に内在する問題性に果して、またいかなる程度まで対決していたかという事である。福沢は人間生活を有形の事物と無形の人事（例えば政治・経済・文学等）に分け、「物理学」の適用を一応前者に限定しつつも、後者の領域も究極的には因果の法則に支配されるという見地からして、やがて人智の発達と共に、一切の生活領域に自然科学的な計量性が可能になる事を期待していたらしい。その限りに於て彼はまがふ方なき啓蒙の子であった。啓蒙的合理主義に共通する科学と理性の無限の進歩に対する信仰はまた彼のものであった。しかし他方に於て彼は「凡そ人たるものは理と情との二つの働に支配せられて、然かも其情の力は至極強大にして理の働を自由ならしめざるの場合多く」、「左れば斯る人情の世界に居ながら、唯一向に数理に依て身を立て世を渡らんとするは甚だ殺風景にして、迚《とて》も人間の実際に行はれ難」（通俗道徳論、全集十）いという様な趣旨も屢々叙べている事も看過してはならない。こういう現実の非合理性の強力な支配に面して、福沢の実際的処理の仕方は「少しづつにても人情に数理を調合して社会全体の進歩を待つの外ある可らず」(同上)といふ漸進主義であった。これは啓蒙的合理主義の立場からすれば甚だ不徹底の譏《そしり》を免れ難い。ところが彼の社会批判をやや仔細に検討して行くと、同じ様な非合理的現実との「妥協」的態度は到る処にあらわれているのである。多くの啓蒙主義者とちがって、福沢は政治的乃至社会的変革に於ては「急進」論を「急退」論と並べて排してゐる。自由民権論に対する福沢の周知のごとき官民調和論はその最も顕著な表現にほかならない。こうした福沢の「現実」的態度は如何に理解さるべきか。もし福沢の立場が単なる科学主義や啓蒙的合理主義に尽きているならば、これは福沢の「原則」と彼の生活との間に多かれ少かれ乖離が存在することを意味する。機会主義を排して、原理原則に生きよといふ主張は、彼自らの手に於て大きく破られている事になる。しかし、ひたすら数理に依拠する生活態度に対し、「殺風景」という感覚を持つという事自体、既に彼が単純な抽象的合理主義の立場を超えている事を示していないだろうか。若しそうなら、上の様な現実的態度は決して単なる妥協ではなくして、彼の「原則」のなかに位置を占めねばならない。それでは非合理的現実の承認は、他方に於ける物理学主義と一体どの様な牽聯を持つのか。それは嘗ての心学的な現実主義といかに区別されるか。福沢が最後まで科学的決定論の陰鬱な泥沼に陥らなかった事も、どうやらこの問題に関係がありそうである。ここに我々は漸く彼の「哲学」の内奥に足を踏み入れたわけである。本稿の目的はこの戸口にまで道をつける事にあった。問題の核心については、筆を改めて論じたいと思う。

（1）以下彼の文章には便宜上句読を附した。なお引用文の傍点は別段の指示なき限り、筆者が附したものである。

（2）この点につき、例えば長谷川如是閑「日本的性格」参照。

（3）「一般に東洋にて学といふは実学であつて、ただの理論でない。実学とは宗教・道徳・政治等現実の人生問題を現実の立場から講究する意味であつて、理論的構造の完結を必ずとするものではない」（西晋一郎、東洋倫理、八頁）

（4）「近世儒教の発展における徂徠学の特質並にその国学との関連」（国家学会雑誌第五四巻二・三・四・五号）及び、「近世日本政治思想に於ける『自然』と『作為』」（同誌、第五五巻七・九・十二号、五六巻八号）。ここで筆者は自然法則＝社会規範＝人間性の朱子学に於ける連続性が漸次に解体して、各自の独自性が意識されて行くと共に、規範の妥当性の限界が自覚される過程を追究した。それは徳川時代に於ける近代的精神の萌芽を探らんがための微視的な観察であり、之に対して本稿に於ける論述は、アンシャン・レジームの精神についての巨視的なそれである。程朱学を以てさうした精神を「代表」させたのは近代精神との対照をなるべく明瞭ならしめるためにほかならぬ。念のため一言する。

（5） John Dewey, Reconstruction in Philosophy, 1920, p. 53 以下参照。

（6） Max Weber, Confuzianismus und Taoismus,（in., Ges. Schrift zur Religionssoziologie, Marrianne Weber, S. 457）

（7） 例えば、和辻哲郎教授は、「学問のゝすゝめ」を以て「功利主義的個人主義的思想の通俗的紹介に過ぎ」ぬと観る立場から「明治の先覚者たる福沢の思想がその本質に於て井原西鶴や三井高房や石田梅岩のそれと毫も変るところのないのは当然である」と断ぜられる（現代日本と町人根性、「続日本精神史研究」所収、傍点筆者）。なほ教授のかうした規定が町人根性を以て、欧洲ブルジョア精神と「本質を同じくする」といふ見解から導き出されてゐ眞ることは注意せられていい。そこで教授が依拠されるのは、ゾンバルトが援用してゐる例のアルベルティ家文書である。

（昭和二二・三『東洋文化研究』三号〔・『丸山眞男集』三〕）

福沢諭吉の歴史観――『民情一新』と「旧藩情」

小泉信三

左記の論文は福沢諭吉の『民情一新』及び「旧藩情」への解題として書かれたものである。この両篇は福沢の著作の中にあっても史学、社会科学一般にとり特に価値あるものと思われるに拘らず、従来あまり学者の注意をひかなかったように見えるので、先年その刊行を思い立ち、昭和廿二年この両篇に、更に福沢自身の筆に成る福沢全集緒言を合わせたものに右の解題を附け、一冊の単行本として常松書店から出版した。けれども、この書店は当時も今も無名の出版者であり、間もなくその消息を絶ってしまったから、従って、私の解題も殆ど人の目に触れずに終わったことだろうと思う。よって、今回、ここに幾つかの訂正を加えた上、再び印刷に附することにした。筆者としてはかねてこれを福沢研究者、史学、社会科学の専門家に示したくと思っていたので、別に小冊子に作り、学界の人々百数十氏に贈呈して、その批判を乞うた。

福沢諭吉の生涯と著作

『民情一新』(明治十二年)及び「旧藩情」(明治十年)は福沢諭吉の著作の中で従来あまり広くは行われず(註)話題に上ることも割合少なかったものである。それをここに読書界に紹介するのは、それが史学上、社会学上特異の着眼と考察とを展開したものとして、今日から顧みても価値ある作品であると信ずることによる。

註 「旧藩情」は福沢の生前に刊行されたことはない。その始めて時事新報に発表されたのは明治三十四年六月一―九日のことで、当時の主筆石河幹明がかねて福沢の家で見て、自ら筆写して置いた原稿に拠ったものである。今は福沢の自筆原稿に拠るものが『福沢諭吉全集』(岩波書店)第七巻に収められてある。

福沢諭吉は豊前中津奥平藩士の子で、天保五年十二月十二日(西暦一八三五年一月十日)大阪に生まれ、明治卅四年(西暦一九〇一年)二月三日東京芝三田に歿した。数え年三歳のとき父を亡って中津に帰り、二十一歳蘭学に志して長崎に出るまで、十八年間ここに成長し、長崎から更に大阪に上って緒方洪庵の塾に学び、安政五年数えて二十五のとき、江戸に出て、築地鉄砲洲の奥平藩邸内に蘭学塾を開いたのが、今日の慶応義塾の起原である。江戸に出た後間もなく、オランダ語の要用の到底英語に及ばないのを見て、転じて英語を独修し、塾でも蘭語をやめて英書を講ずることにした。外国へは前後三度渡航した。即ち万延元年（一八六〇年）徳川幕府の軍艦咸臨丸でサンフランシスコに往返したのが第一回、文久元年（一八六一年）十二月幕府の使節に随行して出発し、印度洋経由でヨーロッパ各国（仏、英、蘭、独、露、西、葡の七ヵ国）に赴き、翌年十二月帰ったのが第二回、そうして慶応三年一月（一八六七年）幕府の軍艦受取委員一行に加わって渡米し、六月帰朝したのが第三回である。

福沢の著書は第一回渡米の後、漢英辞書に片仮名で英語の発音を附け、漢字に訳語を附けることを試みた『増訂華英通語』（万延元年）が最初のもので、それ以来殆どその病死の日に至るまで著述の筆を措かなかった。就中最も影響の大きかったものは『西洋事情』諸編合わせて十巻（慶応二—明治三年）『学問のすゝめ』十七編（明治五—九年）『文明論之概略』（明治八年）『時事小言』（明治十四年）等であり、明治十五年時事新報を起こして以来は、これに拠って説を唱え、後にそれを単行書として出したものも一々は数え難い。その中にあって今日多く読まれているのは『福翁百話』（明治廿九年）『福翁自伝』（明治卅二年）であろう。福沢の著述の当時の世に迎えられたことは、『西洋事情』の出版部数、正偽両版を合わせて、二十万乃至二十五万、『学問のすゝめ』は毎編およそ二十万、十七編合して三百四十万というによって察することが出来る。これ等の著述は今みな集められて前記『福沢諭吉全集』にある。

福沢の科学的傾向

今、以上の著作によって見る、福沢の思想家としての第一の事業は、科学主義の確立と国民独立の精神の鼓吹とにあった。当時因襲の久しい封建門閥の制度と、その思想形態とも見るべき無生気な儒教の拘束の下に、人心のただ順応と屈従とに慣れて、萎靡沈滞を免れなかったのに対し、一方には科学の導入によってその迷蒙を破り、他方にはそれと不可分のものである独立心の鼓吹によって自尊自重、創始責任の何ものであるかを知らしめることが、彼れの主力を注ぐところであった。その際取って学ぶべきものとしたのは西洋の学問思想であって、彼れは西洋に有って東洋の儒教主義に欠けたものとして「有形において数理学と、無形において独立心」の二つを挙げた（福翁自伝の一節）。彼れが文明または文明の精神と称したものは、これであったと解せられる。福沢は、文明の進歩に無限の信頼を寄せ、人類の遥かな未来としては、国境なく、権力なき状態をも想い描いていたかと解せらるる節も窺われるが、彼れが当面の要用とするところは、もっと遥かに卑近で、先ず文明によって国の独立を全うすることにあった。これが即ち彼れが「国の独立は目的なり、国民の文明は此目的に達するの術なり」といい、また同趣旨に帰する様々の語を幾度となく唱えた所以である。

右に「数理学」という言葉が用いられているが、これは必ずしも狭く数学と解すべきものでなく、福沢自らその前後に説明して、「私の教育主義は自然の原則に重きを置いて、数と理とこの二つのものを本にして、人間万事有形の経営はすべてソレカラ割り出して行きたい。云々」というのをもって見れば、科学一般、或いは法則科学、精密科学というほどの意味に解すべきであろう。福沢の念頭にあったのは、主として物理学、化学であった。いま福沢が、物理学、化学の方法を直ちに人文科学一般に適用せんとしたといえば、無論言い過ぎであろう。また、福沢が自然科学と社会科学との別を弁まえず、或いは認識と実践の領域を混同した云々といえば、それも当たらない。しかし、それにも拘らず、福沢は自然科学の業績を讃歎し、その進歩に信頼し、社会事物の考察上においてもこれに倣わんと欲する傾きがたしかに強かったことは明らかに看取される。

それは私の見るところ、少なくも二つの点に現われる。社会的事物を考察するにあたり政治的、宗教的、道徳的権威を忌憚せず、その可否を言う前に、あるがままの実相を直視しようとすること、社会的事物、更にその歴史的変動に、なし得れば法則を求めんとしたことが、即ちこれである。この意味における科学主義は、福沢の著作全体を貫ぬいているといい得るけれども、社会学、史学の領域において特に注目すべきは、『文明論之概略』『民情一新』及び「旧藩情」であろうと思う。その中文明論の方は、すでに広く行われているから、以下主に後の二篇を念頭に置いて解説を進めたい。

福沢が架空の談理を好まず、鬼神を信ぜず、常に実験実証を重んずる人であったのは、一はその天性に出で、一はその環境と教育とによるものと考えられる。彼れが生来迷信に遠かったことは、その自伝にも書かれてある。「幼少のときから神様がこわいだの仏様がありがたいだのいうことはちょいともない。うらない、まじない、いっさい不信仰で、キツネタヌキがつくというようなことは、初めからばかにして少しも信じない。子供ながらも精神はまことにカラリとしたものでした。」彼れが十五六のとき、大阪から妙な女が来て、お稲荷様を使うと吹聴する。それをきいて、「『ソリャおもしろい、やってもらおう。おれがその御幣を持とう、持っている御幣が動きだすというのはおもしろい、サア持たしてくれろ』というと、その女がつくづくと私を見ていて『坊《ぼん》さんはイケマヘン』というから、私は承知しない。『いま、だれにでもと言ったじゃないか、サアやってみせろ』と、ひどくその女を弱らして、おもしろがったことがある」とある。

福沢の母は変わった人で、当時の士族社会の世間並とは遠い、あまり階級観念がなく、百姓町人でも賤民でも、対等に丁寧に応対するという風であり、毎月寺詣りは欠かさずにしながら「阿弥陀様を拝むことばかりはおかしくてキマリが悪くてできぬ」と言っていたというから、この母の影響もあったかも知れぬが、しかしまた、兄の三之助は、例えば少年の福沢が藩主奥平の名の書いてある紙片を過まって踏んだといって、酷く叱責したというくらいであるから、儒教に養われた、厳格な士族の道徳律に堅く忠なる人に相違なく、偶像破壊は、この家族の中でも、特に諭吉において著しい性向であったと謂えるであろう。

環境、教育についていえば、福沢も当時の一般士族とともに漢書を学んだのであり、彼れは晩学ながら（十四、五歳始めて正則に師に就いて学ぶ）進歩は速く、殊に藩儒白石常人に就いて漸く儒学の佳境に入ったということで、彼れ自身の語によれば「ひととおり漢学者の前座ぐらい」になった。ただこの間多少注意すべきは、中津藩士族の一部に数学が重んぜられていたということである。これは豊後の帆足万里の影響で、万里は福沢の父百助も従学した有名な儒者であるが、数学を悦び、鉄砲と算盤は士流の重んずべきものであるのに、その算盤を小役人に任せ、鉄砲を足軽に任せて置くのは大間違いであると説き、この説が隣国の中津にも流行して、藩士の中に数学に心を寄せるものがあって、福沢の兄三之助も、矢張り数学を学んで「高尚なところまで」進んでいたらしいということである。福沢自身と数学とについては、徴すべき記録はない。しかし、この帆足万里の影響なるものは、福沢の性来の実証的傾向を、幾分なりとも助長する性質のものであったとは謂い得るであろう。

しかし、それよりも福沢の西洋理学受容の素地を助けたと思われるのは、内職の手工労働であった。福沢も、当時の下級士族一般の常として、生活のため、内職として手工労働をしなければならなかった。彼れは後年においても、頗りに鄙事多能を誇ったが、子供のときから手先は器用で、平生家族日用品の製作修繕等を引受けてしたということであるが、ひとり器用に任せてするばかりでなく、進んで、やはり内職をする士族から手工技術を習得し、近処の仕事場のような所に通って、刀剣の細工などをしたようである。後年（明治十三年）福沢が、当時の内職仲間か、或いはその先輩かと思われる或る人に書いた手紙の一節には、こう言っている。「……今を去る殆ど三十年に近き歟《か》、留主居町井口《ゐのくち》の細工部屋にて毎度御目に掛り、色々御約介〔厄介〕相成候事に有之、今より考れば茫として夢の如きのみ。併其節様々の手細工を心得、刀剣の小道具、金銀銅鉄の性質を知り、自宅にては下駄の内職抔《など》いたし、家用桶の輪替、雪駄の直しまで甲斐甲斐しく働たるは、生涯の一大所得に御座候」（『福沢諭吉全集』第十七巻四二四―四二五ページ）。たしかに福沢が夙《はや》く「金銀銅鉄の性質を知」ったことは、彼れにとっての大なる所得であった。

この経験は福沢の興味と注意とを特殊の方向、即ち生産技術、労働用具、生産原料に向かって鋭くさせた。例えば、彼れが二十五歳始めて大阪から江戸に下ったとき、江戸市中に入ると、すぐ沿道の或る家で小僧が、自分達の夢にも考えなかった鋸の鑢《やすり》の目を叩いて拵えているのを見て「途方もない工芸の進んだ場所だ」と驚いたというが如きも、この経験があったからである。そうして、同じこの興味と注意とは、当然人を化学物理学の方へ導く。その物理学化学を、福沢は大阪の緒方塾で耽り学んだのである。

福沢と西洋自然科学

緒方洪庵は蘭方医学の大家であった。福沢は自ら医者になる志望は持たなかったが、塾で勉強して読んだ本は、医学を中心とする自然科学諸門に属するものが多かった（当時緒方塾には、合わせて十部足らずの医書物理書があった）。福沢はここで物理学、化学、解剖学、生理学を学び、西洋学術の精妙に驚嘆した。塾生等は好んで物理化学の実験を試みた。後に塾長になり、そうして元来手工を好んだ福沢は、恐らく仲間の先きに立ってそれをやったことであろう。その模様は自伝の中に実に面白く書かれている。

塩酸亜鉛があれば、鉄にも錫を着けることが出来るとき、「塩酸をこしらえる法は書物でわかる。その方法によってどうやらこうやら塩酸をこしらえて、これに亜鉛を溶かして鉄に錫を試みて、いかけ屋の夢にも知らぬことが、りっぱにできたというようなことが、おもしろくてたまらぬ。」また、ヨヂウムを造ろうというので、八百屋市に行って、昆布荒布《あらめ》のような海草類を買って来て、炮烙《ほうろく》で煎ってやって見たが、これは到頭出来なかった。今度は硇砂《どうしゃ》製造の野心を起こす。第一の必要は、塩酸アムモニヤである。そのアムモニヤを造ろうと、鼈甲《べっこう》屋から馬爪《ばづ》の削り屑を貰って来て、それを徳利に入れて火で蒸すと、アムモニヤ液は、取れることは取れるが、何とも言えない悪臭を発する。「夕方湯屋に行くと着物が臭くって犬がほえる」。周囲の者が喧しくいうので、気強い者は到頭舟を借りて川へ出て、例の瓶《かめ》の七輪を積み込んでやる。陸から苦情が出ると、あちこちと水の上を逃げ廻って仕事を続けるという始末であった。硫酸を造って茶碗に入れて、棚の上に上げて置いたのを、忘れて取り落として、頭から冠り、袷を一枚ズタズタにした者もある。製薬には徳利が入用である。塾生等は酒屋から酒を取って飲んで、徳利は返さない。酒屋も怪しんだと見え、塾僕にきき合わせると、この節塾生は中身よりも徳利の方に用があるといったので、酒屋が驚いて、何としても酒を持って来なくなって困った。

また、塾生等はワンダーベルトの物理書によって当時最新のファラデエの電気理論も学び得た。それは偶々《たまたま》大阪を通過した筑前の国守黒田侯の所蔵する右書の蘭訳本を、緒方が借りて塾へ持って来たのを、福沢が音頭を取り、塾生総出、不眠不休で、三日二晩かかってその電気の章を写し取って、それによって学んだのである。

『福翁自伝』の右の数節は、日本の科学史に載せて伝うべきものと思う。当時好学俊英の青年が西洋理学の精妙に魅了され、衣食も栄辱も忘れてその攻究に没頭した有様は、かの杉田玄白によって『蘭学事始』に記された『解体新書』の訳述その他幾つかの事例とともに、西学伝来の歴史上における先人苦心の事蹟として、永く記憶に留めて然るべきものと思う。

かくして福沢は、安政五年二十五歳のとき、大阪から江戸に出た。すでに前に述べたような性向と生立《おいたち》の人で、そうして、緒方塾三年の修学を積んだ福沢の科学主義は、このときすでに揺がし難いものであったと想像される。その福沢の目に映じた儒教、または儒教の無力は、真に笑うべきものであったろう。儒教の道徳論は姑《しば》らく措《お》き、儒者の自然観の迂闊と不精密に至っては、彼れには到底許し難いものであったろう。彼れが後年、屢々猛烈なる筆法をもって儒者と儒学とを攻撃し、「腐儒の腐説」とか、「東洋流の惑溺」とか、陰陽五行説の妄誕とか言ってこれを罵ったのは当然であったろう。

彼れは或る時、儒者が目に様々の自然現象を見ながら、進んでこれを然らしめる理法を探求することをせぬ怠慢を責めてこういった。「儒者が地獄極楽の仏説を証拠なきものなりとて排撃しながら、自家に於ては数百年の其間降雨の一理をだに推究したる者なし。雨は天より降ると云ひ、或は雲凝りて雨と為ると云ふのみにして、蒸発の理と数とに至ては嘗て其証拠を求るを知らざりしなり。朝夕水を用ひて其剛軟を論じながら、其水は何物の集りて形を成したるもの歟、其水中に何者を混じ何物を除けば剛水と為り又軟水と為る歟の証拠を求めず、重炭酸加《か》爾幾《るき》は水に混合して其性を剛ならしめ、鉄瓶等の裏面に附着する水垢と称するものは大抵皆此の加爾幾なりとの理は、之を度外に置て推究したる者あるを聞かず」。

ここに謂う「理と数」と「証拠を求むる」こととが、福沢の最も重きを措くところであった。

福沢と西洋人文科学

次いで福沢の興味は、西洋自然科学から西洋人文科学へと拡がった。

彼れの第一回の渡米では、かの地での滞在期間も短く（閏二月廿六日から三月十八日まで五十日）また人口当時わずかに六万余のサンフランシスコを見たのみであるから、何ほどの社会科学的観察がなされたとも思われない。これと異なり第二回の洋行では、往復に一年を費して、欧洲諸国を歴遊し、その視察から出発して『西洋事情』が書かれたくらいであるから、福沢の社会的事物に対する知識と観察とは、一挙に非常に豊富なものとなった。努めて英、蘭語の書籍を買入れたことも、そこに記されている。更に第三回の洋行（第二回渡米）では、特に書籍の購入に心がけた。彼れは幕府から支給された金をもって「こんどこそはあらんかぎりの原書を買って来ました」といっている（自伝）。

この購入書籍の中に、クヮッケンボスの窮理書、英文典、米国史、所謂パアリィの万国史、グウドリッチの英国史とともに、ウェイランドの経済書（Francis Wayland, *The Elements of Political Economy*, 1st. ed. 1837.）があった。抑《そもそ》も福沢が経済書に注意を向けたのは、この時が始めてではない。彼れはその頃チャムバーの経済書なるものを読み、且つ翻訳したことを「自伝」または懐旧談の中に語っている。このチャムバーは著者ではなくて、出版書店の名であり、「チャムプル氏教育読本中経済の一小冊子」ともいわれており、詳しくは Chambers' Educational Course 叢書中の一冊 *Political Economy for use in schools, and for private instruction* と題するものであった（高橋誠一郎著『福沢諭吉』）。出版所はロンドン及びエディンバラであったが、福沢はこの書を、その文久二年の第二回洋行の旅中イギリスで購入して来て読んだ。当時西洋経済書の渡来は、よし絶無でないまでも極めて珍しかった。この書の如きも「当時は日本国中稀有の珍書なりき」と福沢は記している（「慶応義塾紀事」）。されば第三回の洋行に際し、アメリカでウェイランドの経済書を、学生教科用に供して不自由なきまでに多数部買入れて来たのは、彼れがこの時既に経済学というものの重要性を承知していたからであったと考えられる。兎に角福沢は、この頃かようにして西洋経済学を知った。

更に少しく晩れて彼れは西洋倫理学を知った。即ち当時偶々江戸市中で発見せられた古本によって、やはり同じウェイランドの倫理学（*The Elements of Moral Science*）に出逢い、更にこれを本国に註文して、その数十部を取り寄せ、モラルサイエンスを修身論と訳して、慶応義塾塾生に学ばせた。福沢は芝新銭座の慶応義塾において、先ずウェイランドの経済書を講じ、次いで転じて同じウェイランドの修身書を講じたことが、当時慶応四年、即ち明治元年及び明治二年の学課表に記載されてある。

西洋自然科学の精密微妙なことに驚嘆した福沢は、かくて進んで西洋諸国の歴史を学び、更に人文科学を知るに至った。自然科学によって知り得た世界は、厳格普遍的なる法則の支配する世界である。更に西洋人文科学は彼れに、東洋のそれと全く趣きを異にする経済論道徳論の成立していることを教えた。而して人文諸科学の中で最も法則的なるものは、経済学であり、現に福沢がその一部を訳出した前記のチャムバー経済論は、極めて素朴に、自然界に行われると同じ性質の法則が、人間の経済生活にも行われることを認めている。

即ち日月星辰の旋転し、動植物の生じ、地皮の層々相重なることが「各々一定の法則に帰して、嘗て其功用を錯《あやま》ることなきは、実に驚駭に堪」えたるものであるが、「抑々経済の学に於ても亦一定の法則あること他に異なることとなし。其定則の一斑を窺ふときは、或は欠典あるに似て、之を名状すること甚だ難しと雖ども、合して一体と為し其全璧を見れば、至善至美、尽さざる所なし」といい、また「経済学の定則は、元と人造に非らず、又人意を以て之を変易改正す可きものにも非らざれば」或いは何のためにこの学を学ぶかと問うかも知れぬが、それはこの定則を知ってこれに従わんがためであって、宛かも生命健康を保たんがために人身窮理の学を学ぶに異ならぬものである、と説いた（『西洋事情』外編巻之三）。

既に自然界に法則の支配あることを知って驚嘆し、理と数と証拠との重んずべきを痛感した福沢にとっては、社会人事もまた動かすべからざる定則の支配を受けるとの説は、必ず大なる魅惑であったであろう。後に、前記の如く、アメリカから多数の書籍を買入れて来て、貪読した当時のことを回顧して記した文に、英氏（ウェイランド）の経済論「クワッケンボス」の窮理書その他、いずれも皆古今未だ曾て目撃せざる珍書であって、「就中其経済論の如き、初は之を読むこと頗る困難なりしかども、再三再四復読して漸く其義を解すに及び、毎章毎句、耳目に新ならざるものなく、絶妙の文法、新奇の議論、心魂を驚破して食を忘るるに至れり」（「三田演説第百回の記」）といい、また別に米国出版の万国史及びポリチカル・エコノミーを読んだときの事を記して「万国史は先づ和漢の史類に似て大同小異なれども、ポリチカル・エコノミーは実に面白く、其議論の精密なること着々意表に出でて、恰も吾々に固有する漢学主義の心事を顚覆したり」といったのは（明治廿二年五月五日、植半楼に開きし慶応義塾旧友会の席上における演説。全集、第十二巻一三一ページ）、福沢及びその門下生の驚喜を示すに足るものと思う。

福沢の歴史観――バックルの影響

福沢の科学主義は、かく社会人事にもまた法則の支配のあることを知って満足した。然らば歴史はどうか。無論福沢は歴史と自然科学とを同一視したとはいえず、また歴史上において、物理学や化学や天文学における如き厳密なる必然の事前断定を下し得るとも考えてはいなかったであろう。しかし、少なくも消極的にこれだけのことは謂えるであろう。即ち歴史を単に恣意と偶然とのみが支配するところと観ることを肯んじないことこれである。

すでに事物の数と理と証拠とを明らかにせんと欲するものは、偶々突然一人の中大兄皇子と一人の中臣鎌足とがあって大化の改新は行われ、偶々一人の源頼朝が現われて鎌倉幕府を開き、偶々一人の徳川家康があって、三百年泰平の基を定めた、という如き記述と説明とには、到底満足せぬであろう。而して何故に、また如何にして頼朝はかのことを、家康はこのことを成したかということに対し、もし頼朝は頼朝なるが故に頼朝の業を成し、家康は家康なるが故に家康の業を成したと答えるなら、それは答えを与えないに等しい。因果必然の連鎖を辿らなければ満足しないものは、必ず中大兄皇子（または頼朝、または家康）を促してかのこと、またはこのことを為さしめたものは果たして何か。彼等をして能くかのことこのことを成し遂げしめたものは何か。と問うであろう。この問はまた彼等を促して、かれこれの事を為さしめた事情、また彼等をして能くかれこれの事を成し遂げしめた条件は、果たしてかの特定の個人以外の者には同じ事を成さしめなかったか否なか、の問を含む。この考察は当然人を導いて、通俗に世の大勢と称せられる動因の一聯に想い到らしめる。世の大勢に着目することは、必ずしも歴史上における個人の役割を否認することは意味しない。しかし、歴史の考察上において恣意と偶然との支配を肯んじないものは、特定の個々人よりも世の大勢に更に多くの興味を感ずるに傾く。福沢はかかる傾向を懐くものの一人であった。

福沢の歴史観上のこの傾向を啓発し、また助成する上に最も有力であったものは、バックルの文明史であったろう。その結果は福沢の名著『文明論之概略』に現われている。勿論福沢の文明論は、独創独立の見識に富み、殊にその最後の一章における国家独立擁護論は、純然たる日本人福沢の主張であって、バックル思想の根調とは寧ろ相距たるものであるが、しかもこの書の歴史理論に関する部分においては、明らかにバックルに学び、もしくはこれと相共鳴すると認めらるべきものが、幾個処かに指摘し得られ、福沢自身明らかにバックルの名を挙げてその説を援引している個処もある。

福沢がバックルを知るに至ったその次第は、かのワンダーベルトやウェイランドの場合の如くに、記録に存してはおらぬ。ヘンリイ・トーマス・バックルの『英国文明史』(*History of Civilization in England*, 1857-61) は、歴史を進めて法則科学の域に達せしめることを主張したものであって、明晰にして暢達自在なる文体と、保守主義に対する攻撃等とにより、また科学信頼の風潮にも投じて、忽ち好評を博し、諸国語に翻訳せられて、ロシア農民の小屋にさえその訳本が見られたというほどに広く行われた書であるから、当時の日本の英学者がこの書のことを聞き、これを読むに至ったのは不思議でない。

福沢は前記の如く、ウェイランドの経済書、次いでその倫理書を慶応義塾で講読したが、更にそれに続いてギゾオの文明史及びバックルの文明史を月六回くらい講義した。その講義は固《もと》より原書に就いてしたものであるが、単にその意味を解釈説明するのみでなく、その所論を時勢に当てはめて眼前の実例を引照し、これを種々の点から解説するという風に非常に面白いものであったということで、就中バックルの文明史の講義は「気焔万丈痛快適切なる説を吐かれた」と記されている（石河幹明『福沢諭吉伝』）。バックル講義の行われたのは明治四年における慶応義塾の三田移転以後であったというから、仮りにこの移転の年に始めて行われたとすれば、バックル第一巻の出た十四年後のことである。

バックルは、前記の如く、歴史を一個の科学に高め、殊に統計の方法によって文明進歩の法則を打ち立てることを期した。抑も歴史の動因は自然と精神の二つであるが、自然の威力の寛厳ともに度に過ぐるところでは、精神は発達せず、ひとりその適度なるヨオロッパにおいて精神が自然を支配する。然らば、人類の進歩は精神の中、徳と智とそのいずれによるかといえば、徳は静止して動かぬものであるから、ひとり智の変化と、進歩とによる。全体として見た人類総体の行動は、人類の有する知識の総体によって左右される。個人の努力は、歴史の経過全体の上より見れば、言うに足らぬものであって、偉人も畢竟時代の産物に過ぎぬ。文明の進歩は、疑い究めんと欲する心に正比例し、「軽信」即ち既成の信仰と慣行とを吟味することなく維持せんとする「保護精神」（protective spirit）に反比例する。

これが極く簡略に約説したバックルの歴史理論である。福沢の文明論を取って見れば、そこに明らかにバックルに学んで書いたと思われる章節、少なくもバックルに共鳴禁じ難きを覚えつつ書いたと思われる幾つかの章節を指摘することが出来る。第四章「一国人民の智徳を論ず」る中に、人心の変化は統計法によってこれを察し、よく定則を立てることが出来る、というのがそれである。また同じ章に、国の治乱興廃は二三の人の能くするところに非ず、「全国の勢は進めんとするも進む可らず、留めんとするも留む可らず」というのもそれである。第六章「智徳の弁」に、数節に亙って、「徳義の事は古より定て動かず」智恵は則《すなわ》ち然らず、その働きは「日に進て際限あることとなし」というのがそれである。第七章「智徳の行はる可き時代と場所とを論ず」る中、文明の進歩は疑いの心に発すると謂うのがそれである。或いは他にも看落としているかも知れないが、私の心着いている重なる個処は、以上の如くである。

右の中統計法の事については、福沢は明らかにバックルの名を挙げて、その説を引いている。その前後の文を引けば、それにいう。「……人の心の変化を察するは人力の及ぶ所に非ず、到底《ツマリ》其働は皆偶然に出て更に規則なきものと云て可ならん乎。答て云く、決して然らず。文明を論ずる学者には自から此変化を察するの一法あり。この法に拠てこれを求れば、人心の働には啻《ただ》に一定の規則あるのみならず、其定則の正しきこと実物の方円を見るが如く、版に押したる文字を読むが如く、これを誤解せんと欲するも得て誤解す可らず。蓋し其法とは何ぞや。天下の人心を一体に視做して、久しき時限の間に広く比較して、其事跡に顕はるるものを証するの法、即是れなり。」例えば、天の晴雨は、朝にして夕を卜《ぼく》することも出来ないが、一年を平均すれば、よく晴は雨よりも多いことを知るが如きものである。人心の働きもまた同様で、一身一家についていえば、更に規則の存するを見ないが、広く一国についてこれを求むれば、「其規則の正しきこと彼の晴雨の日数を平均して其割合の精密なるに異ならず。」これを「スタチスチク」と名づく、といっている。

これに続いて、治乱興廃は二三の人の能くするところにあらずとの議論が出て来る。そこで、福沢は時に遇う、遇わぬということの真義を論じて「時勢」即ち「其時代の人民に分賦せる智徳の有様」ということをいう。思えば、孔子も孟子も菅原道真も楠木正成も、皆な時に遇わなかった人々である。然らばその不遇というのは帝王諸侯二三の人の心に遇わなかったということであるか。もしも周の諸侯の心が偶々《たまたま》孔孟を悦び、後醍醐天皇が偶々楠木氏の策を用いたならば、彼等は果たして千歳一遇の大功を成したであろうか。「余輩の所見は全く之に異なり。」周の諸侯をして孔孟を用いしめなかったもの、楠木氏をして死地に陥らしめたものは、別にある。それが即ち時勢である。

福沢はここで政治家の力と時勢とを航海者と汽船とにたとえ、如何なる人物が現われても船にその馬力以上の速力を出させることは出来ぬ、航海者の職掌は、ただこの汽船の機関の力を妨げないで、運転の作用を逞しうせしむるのみであると謂っている。勿論航海者が拙ければ、十日で航海し得るところに十五日も二十日も費すであろうし、拙劣には限りがないから、極端に至れば全然船を動かせない場合もあろう。しかし、航海者が如何に巧みであっても、本来その船が有たぬ力を造ることはあり得ない。

「世の治乱興廃も亦斯の如し。其大勢の動くに当て、二、三の人物国政を執り天下の人心を動かさんとするも決して行はる可きことに非ず。況や其人心に背て独り己の意に従はしめんとするものに於てをや。其難きこと船に乗て陸を走らんとするに異ならず。古より英雄豪傑の世に事を成したりと云ふは、其人の技術を以て人民の智徳を進めたるに非ず、唯其智徳の進歩に当てこれを妨げざりしのみ。」

それ故、不遇の反対に、時を得て大事を成したというものもまたただ時勢に適して人民の気力を逞しうせしめたことを言うのみである。アメリカの独立はその謀首四十八士の創業、或いはワシントン一人の戦功ではない。たとい当時の戦争に敗れても、別に四百八十士あり、十人のワシントンもあって「到底合衆国の人民は独立せざる可らざる者なり。」普仏戦争の勝敗もまた同様で、決してナポレオンとビスマルクと智愚の差があったのではなく、勝敗の岐れたのはプロシャの人民は一和して強く、フランスの人民は党を分かって弱かったためのみに外ならぬ。『ビスマルク』は此勢に順て孛（プロシア）人の勇気を逞ふせしめ、『ナポレオン』は仏人の赴く所に逆ふて其人心に戻りたるがためのみ。」

この一段は固《もと》よりバックルに憑《よ》らずとも、福沢の独思独想しても言い得たことに違いない。しかし福沢の言うところにはバックルと符節を合するものがあり、英国文明史が必ず彼れを首肯せしめたことは、十分想像せらるるところである。

徳義（モラル）と智恵（インテレクト）とについては、福沢は固より智徳いずれも欠くべからざることを知っているけれども、古来の学者は十に八九は徳義の一方を主張し、或いは全く智恵のことを無用なりとするものもないではない。福沢はこれに平らかならず、文明論では、頻りに智恵の等閑にすべからざることを説いた。

道徳は昔から不変であり、変化し、進歩するのは智であるとの説は、その中の数節に見えている。それに曰く、「徳義の事は古より定て動かず」、耶蘇の教えの十誡、孔子の道の五倫は、聖人の定めた教えの大綱領であって、数千年の古から今日に至るまで盛徳の士君子は輩出したけれども、唯この十誡五倫に註釈を加えるのみで、これを変更することは出来ない。これを譬えば聖人は雪を白し、炭を黒しといったのと同様で、後人はこれを奈何《いかん》ともする途がない。これ即ち耶蘇孔子の後に聖人なき所以であるという。

「故に徳義の事は後世に至て進歩す可らず。開闢の初の徳も今日の徳も其性質に異同あることなし。」

「智恵は則ち然らず。古人一を知れば今人は百を知り、古人の恐るる所のものは今人は之を侮り、古人の怪む所のものは今人は之を笑ひ、智恵の箇条の日に増加して其発明の多きは古来枚挙に遑《いとま》あらず、今後の進歩も亦測る可らず。仮に古の聖人をして今日に在らしめ、今の経済商売の説を聞かしめ、或は今の蒸気船に乗せて大洋の波濤を渡り、電信を以て万里の新聞を瞬間に聞かしむる等のことあらば、之に落胆（吃驚仰天の意味）するは固より論を俟《ま》たず。或は之を驚かすに必ずしも蒸気電信を要せず、紙を製して字を書くの法を教へ、或は版木彫刻の術を示すも尚これを敬服せしむるに足る可し。如何となれば此蒸気、電信、製紙、印書の術は悉皆後人の智恵を以て達し得たるものにて、此発明工夫を為すの間に聖人の言を聞て徳義の道を実に施したることとなく、古の聖人は夢にも之を知らざりしこととなればなり。故に智恵を以て論ずれば古代の聖賢は今の三歳の童子に等しきものなり。」

智の進歩に対する驚嘆とその未来に対する楽観とは、福沢の思想の根調を成している。そうして、この点福沢は恐らく少なからずバックルに学ぶところがあったと思われる。ものを疑う心から進歩が起こるという説も、また同様である。ひとり『文明論之概略』のみならず、『学問のすゝめ』の中にも、福沢はこのことを説いた。即ちその第十五編「事物を疑て取捨を断ずる事」と題する一文に、先ず「信の世界に偽詐多く、疑の世界に真理多し」と書き出して、

「文明の進歩は、天地の間にある有形の物にても無形の人事にても、其働の趣を詮索して真実を発明するに在り。西洋諸国の人民が今日の文明に達したる其源を尋れば、疑の一点より出でざるものなし」という。

ガリレオ、ガルバニ、ニウトン、ワットの発見発明、いずれも皆な疑いの路によって真理の奥に達したものである。トオマス・クラアクソンの奴隷売買攻撃、マルチン・ルウテルの宗教改革、フランスの革命、アメリカの独立、スチュアルト・ミルの婦人論、自由貿易論に反対するアメリカ経済論者の保護論、皆ないずれも「古人の確定して駁す可らざるの論説を駁し、世上に普通にして疑を容る可らざるの習慣に疑を容るる」ものに外ならぬ。「之を彼の亜細亜諸州の人民が、虚誕妄説を軽信して、巫蠱《ふこ》神仏に惑溺し、或は所謂聖賢者の言を聞て一時に之に和するのみならず、万世の後に至て尚其言の範囲を脱すること能はざるものに比すれば、其品行の優劣、心志の勇怯、固より年を同して語る可らざるなり。……人事の進歩して真理に達するの路は、唯異説争論の際にまぎるるの一法あるのみ。而して其説論の生ずる源は疑の一点に在て存するものなり。疑の世界に真理多しとは蓋し是の謂なり。」

もしバックルにこの一節を読ませたなら、彼れは必ず首肯して、会心の意を表するであろう。而してこの文の公けにされた年次を見ると、明治九年七月、即ち『文明論之概略』に後るること一年であって、福沢は文明論の余勢を駆って筆を走らせたと見るべきであろう。

史学上のコレクチヴィズム

バックルは元来富裕の家に生まれた独学者であって、正式に師に就き、もしくは大学において修業した学者ではない。その文明史は世間の好評にも拘らず、専門学者からは動《や》やもすると文章の面白い素人論として冷やかに遇せられた嫌いがあり、或いはオーギュスト・コントの歴史理論を学んで、これを偏頗に誇張したと評するものもある（例えば史学者ベルンハイム）。そうして、その批評には理由があり、たしかに彼れの文明史は、厳密なる学問的著述とは評し難い節があるであろう。しかし、それにも拘らず、英国文明史は在来の歴史、即ち帝王将相の功業の記録に専らであり、「太鼓とラッパ」の記事に過ぎなかった歴史に対し、十九世紀の科学主義の立場から発せられた不満と批評の表明として、たしかに極めて有意義の著述であった。在来多くの歴史書と違った別の視角、別の史材の観かたがそこに示されたのであった。

今、歴史家の取り扱うべき対象を、治者と被治者、政治と生活、戦争と平和、個人と大衆、事件と状態、という風に相対照させて列記して見ると、バックルはそれぞれの対立における後の者に興味の眼を向けた歴史家であった。そうして、これ等後者に着目すれば、——即ち平時における被治者大衆の生活における日常の状態に着目すれば、——戦争とか革命とかいう非常の事件、これ等の事件に際しての帝王将相の行動に着目する場合に比べて、遥かに恣意と偶然の支配することは少なく、そこに或る不変的、法則的なるものの認められることは否定されぬ。歴史の科学性を強調せんと欲するものは、主にこの一面に重点を置く。史学者の或いは「社会主義的、自然科学的」傾向と称し（ベルンハイム）、或いは集団主義（Kollektivismus）と称する（ラムプレヒト）ものはこれである。大革命当時、『人間精神の進歩の史図大略』を遺したフランスのコンドルセエから、実証哲学を唱えたオーギュスト・コント、同じくフランスの歴史家テエヌ、リットレ、先年ドイツで文化史主義を高唱したカアル・ラムプレヒト、そうして、当然マルクス及び世界各国におけるマルクス主義者等は、この派に包括されるものであり、バックルも福沢も、またこの同じ大河の流れを汲むものであった。

今かかる立場に立つ福沢の目から見れば、政治家、軍人の事功を伝えるに忙しかった在来の歴史は、不満足甚だしきものであったろう。福沢は文明論の中で、新井白石が天下の大勢九変して武家の代と為り、武家の世また五変して徳川の代に及ぶ、と謂ったのを評して、九変五変というのは、ただ同じ治者階級の内部で政権担当者が変わったというに過ぎず、治者が治者であり、被治者が被治者であることは少しも変わっておらぬ、といい、「都《すべ》てこれまで日本に行はるる歴史は唯王室の系図を詮索するもの歟《か》、或は君相有司の得失を論ずるもの歟、或は戦争勝敗の話を記して講釈師の軍談に類するもの歟、大抵是等の個条より外ならず。稀に政府に関係せざるものあれば仏者の虚誕妄説のみ、亦見るに足らず。概して云へば日本国の歴史はなくして日本政府の歴史あるのみ。学者の不注意にして国の一大欠典と云ふ可し」（第九章日本文明の由来）といったのは、史学上のコレクチヴィストの何人も賛同するところであろう。

右にいう「講釈師の軍談に類する」歴史を、福沢はやはりその頃書いた短文の中に、極端な比較を試みて嘲罵している。それにいう。

「漢史に云く、周の武王は文王の子なり、殷の紂王を滅して天下太平を致し、在位二十年にして崩ず、太子立つ、之を成王と為すと。又日本の歴史に云く、永禄四年秋九月、上杉謙信一万三千の兵を率ひて信濃に入り、武田信玄と大ひに川中島に戦て勝敗相半すと。和漢の歴史に記す所は大抵この類に過ぎず。然るに古来これを歴史学と唱へて大切に思ふは何ぞや。実に訳けの分らぬことなり。爰《ここ》に歴史あらん。前町の黒《クロ》は斑《ブチ》の子なり、横町の白《シロ》を嚙み倒して町内に威張り、其後河豚《ふぐ》の胆《きも》を喰て死す、今の白斑《シロブチ》は即ち黒の子なりと。又明治九年六月の梅雨に、向ふの小溝のこかげから蝦蟇《がま》が三疋飛出して、又此方からも飛出して、互に腹をふくらして組んづ結んづ戦ひしが、勝負は慥《たしか》に分らずと。こは犬と蝦蟇との歴史なれども、少しも面白からず。如何なる愚人にても之を大切なりとして耳を傾る者はなかる可し。然りと雖ども、周王の歴代も、黒犬の歴代も、川中島の合戦も、小溝の合戦も、等しく是れ歴代なり合戦なるに、一方を大切なりとして一方を粗略に思ふは何ぞや。実に不審に堪へざることなり。」

勿論これは暴論であって、態々《わざわざ》歴史認識論を持ち出して弁駁するまでもないことであるが、抑《そも》も《そ》福沢がこの種の歴史に不満であるその理由は、これを察しなければならぬ。彼れは数百巻の歴史を読んで国王歴代の系図を詮索し、武将勇士の功名を記るし、これを暗記しこれを暗誦しても、「天下古今人事の成行を知らず、其互に関り合ふ因縁を知らざれば」ただ無益の骨折りに過ぎぬ、と謂う。前にも記した通り、治乱興廃は二三の人によって定まるものではない。二三の人の行動のみに注目するのは、譬えば、忠臣蔵十二段の芝居を僅かに一幕見物し、或いは塩谷判官ただ一人の成行きのみを詮索して、四十七士の働きを知らざるにも等しい、とあるによって彼れの真意は明らかである。

この文章は明治十一年に出版された『福沢文集』に収められた「教育の事」二と題する一篇に出て来るものであるが（全集、第四巻四二〇―四二三ページ）、右に引用された文言によって察すれば、明治九年の執筆に係るもの、即ちこれも『文明論之概略』のいわば脚註の如きものであろう。

「旧藩情」

福沢諭吉の思想的成長は大略右記のようにして経過した。彼れがその天賦と環境とによって与えられた科学的実証的精神が、西洋自然科学の勉強によって力強く育成せられ、それが更に人文科学観、続いて歴史観の上に――勿論修正を受けつつ――貫かれて行った次第は、およそ上記の如きものであった。勿論福沢は、曲った弓を矯めるためこれを反対の方に曲げるという論法を、屢々無遠慮に実行しつつも、その視野は常に開け、また健全なる常識のあるため、絶えて偏理的、独断的凝固に陥ることはなかったが、その人間社会を観察し、また、その歴史的変遷を考える上には、上述の如き確乎たる立場があった。明治十年に書かれた「旧藩情」、同十二年に出た『民情一新』を読むものは、それがかかる立場に立つ思想家の作物であることを知ることが必要であろう。

「旧藩情」が如何なる目的をもって書かれたかは、その本文以外の記載には見えておらぬ。兎に角、明治十年五月、西南戦争(明治十年二月より九月に至る)の最中に起草されたものであって、その本文によって察すれば、旧藩制の廃止せられたそれ以後においても、なお旧士族の間に門閥観念と、これに対する反感の残存していることを憂い、これを一掃して人心の融和を図ることを希うに出でたものであった。しかし、その目的とするところよりも、今日の目に特に価値ありと見られるのは、この一篇に福沢が、旧藩士族そのものの間における階級的対立を指摘したことである。

福沢が直接観察したのは、彼れの属した中津奥平藩の実情であるが、諸藩ともに大同小異であったということである。それによると、旧中津藩の士族およそ千五百名は、上士と下士との二大階級に岐れていた。上士は大臣から以下儒者、医師、小姓組に至るまで、下士は祐筆、中小姓、供小姓、小役人格から足軽帯刀の者に至るまでがこれに属し、上士下士それぞれの間にも段階はあったが、この二大群の間には厳然として超え難い隔壁が横わっていた。その隔壁とは（一）礼儀、応対、称呼、家屋の建方、各種の遊戯等の上における特権の異なること、（二）上下絶えて通婚せざること、（三）禄高の相違から当然貧富を異にすること、（四）一方は経史兵書を講じ、騎馬槍剣を学ぶに対し、他方は算筆を勉めるという如く、教育を異にすること、（五）上士は概して活計に意を労せざるに対し、下士が内職によって足し扶持をなすこと、（六）外出の服装、言語、宴席の模様その他の風俗を異にすること、これである。福沢は仔細にそれを観察して記述した。

およそ一の社会制度をよく観察してこれを研究するものは、屢々その制度を憤る者の間から出る。福沢は正にその一人であった。彼れの父百助は、中小姓として十三石二人扶持を給せられた下士であったが、次男第五子たる福沢が生まれたとき、この子が成長したら寺に入れて僧にする、といったのを福沢が後に聴き、それは狭隘なる階級制度の下においては下士の家に生まれた子にとっては、僧となるより外に名を成すべき途はないと考えてのことであったろうと思い、門閥制度を憤るとともに亡父の心事を察して泣き、「門閥制度は親のかたきでござる」

といった（自伝）。それにも拘らず、福沢の観察の態度は極めて冷静緻密であって、対象から離れ、宛かも岸の上から舟の運動遅速を望観する如く望観するままを記したと自ら謂っている（緒言）。

わが国の旧制度において独り士と民との間に差別があったばかりでなく、一口に武士と称せられたその治者の階級が、実は上下截然として隔絶した二つの集団に岐れていたことに着目する観察は、階級闘争的歴史観の普及した今日においては少しも珍しくないのみならず、却って平凡に失するくらいかも知れないが、今から九十年前、藩制廃止の殆ど直後においてこの事実に注目し、殊に下士の内職の実況、その生産技術、その零細なる資金の運転等について記し、また下士の言語の或る点上士よりも寧ろ町人百姓に近いことなどを指摘して書きのこしたのは、非凡な着眼と称すべきであろう。福沢はこの小冊子の序文に「光陰矢の如く、今より五十年を過ぎ、顧て明治前後日本の藩情如何を詮索せんと欲するも、茫乎として求るに難きものある可し。故に此冊子仮令ひ今日に陳腐なるも、五十年の後には却て珍奇にして、歴史家の一助たることもある可し」といったが、正しくその通りになった。大衆の日常生活の状態を描くことにこそ歴史家の任務はあると考えた福沢の科学主義、集団主義は、ここに彼れをして短篇ながら一の模範的作品を作らしめた。わが史学社会学の側からいえば、福沢をしてこの方面の著述に更に多くの力を割かしめなかったのこそ惜むべきことであった。（註）

註　福沢が旧藩時代における階級制度を論じた文章はこの外になお一篇ある。それは明治十二年発行の福沢文集二編巻二に収められた「薩摩の友人某に与るの書」（全集第四巻五一一―五一八ページ）であって、西南戦争後における旧薩摩藩士族の方向如何の問に対し、今後宜しく力を民会の発達に用うべきを答え、薩摩藩士族伝来の気風が特にそれに適することを言ったものであるが、それについて福沢は、薩摩の旧藩制に他の諸藩と異なるところがあったことを、やや詳しく述べている。

それによると、薩摩藩士族内部の階級別は、他藩に比して簡易寛裕でもあり、融通性にも富んでいた。即ち藩士の格式は、久しく上は門下より下は陪臣に至るまで、凡べて十二等に分かれており、この格式別が、すでに他の五六万石の家でそれを二三十にも定めたものに比すれば、甚だ簡単であるばかりでなく、門閥に伴う世禄も固定不動のものではなく、所謂「自分かせぎ」で、当人の働き如何によって増減したということである。その日常生活に現われたところによって見ても、最上三等に属するあたりの大家は別とし、それ「以下の平士に至ては、大禄も小禄も大抵平等にして、其言語、応対、附合の際に、上下の区別なきのみならず、衣服飲食の物も格別に異なるものなし。」この点他の諸藩で、厳重に上下の界を定めて、貧富美醜に拘らず、上士は上士、下士は下士と、子供に至るまでも窮屈に門閥を表すものとは同日の談でない。ただ、鹿児島城下の士族が外城の郷士に対しては少しく貴賤の別があったけれども、それとても決してこれを奴隷視した訳でなく、郷士と雖も立身の路は常に開かれ、結婚も上下の格式に制限なく、出役、文武の稽古も上下混同して、差別的取扱いは行われなかった。

然らばかくの如くにして、如何にして士族社会の秩序が維持せられたかといえば、それは藩士「仲間の約束」によるものに外ならぬ。勿論薩摩においても、藩主の専制は行われたけれども、君公の命の行われたのは、単にそれが君命であるからではなくて、君命に従うのは仲間の約束故にこれに従ったのであり、形容すれば、「薩(摩)の士族は自由の精神を抱き、仲間申合せの一体を以て日本普通専制の藩政に服従したる者」ということが出来る。維新、西南の戦争に薩摩の兵が勇戦したのも、人のために、人の命令によってしたのではなく、全く兵士等が仲間の約束を守り、仲間の栄辱を重んじて命を致したに外ならぬ。而してこの精神は民庶会議に欠くべからざる元素であるから、これを益々助成して適当に指導すれば、他国において百年を要する成績も、薩摩においてはよく十年にして挙げらるるであろう。即ち旧薩摩藩士は、今後力を地方民会の発達に用うべしという所以である。

福沢がこの一文を草したのは、文中西南戦争を指して「去年の暴動」といっているに徴すれば、明治十一年、即ち「旧藩情」執筆の翌年であったろう。福沢は薩摩の地を踏んだことがない、と自ら記しているから、薩摩の旧藩事情は直接の観察でなく、伝聞と読書とによって知ったものであろうが、旧中津藩においては、藩士は截然として上下二つの階級に岐れて、相隔絶し、他の諸藩においても大同小異であったと記した後、薩摩藩の実情の些か趣きを異にして、ややデモクラチックであったことを承知したのは、維新、西南役における薩人の活動と考え合わせて、福沢にとっては興味ある発見であったろう。文中に引用せらるる薩摩藩士久保某の文化年中の著書『論語道国章』の如きも、特殊の注意をもって読まれたことと察せられる。この一文は「旧藩情」に対する一種の補訂または註釈とも見るべきものである。

『民情一新』

その後二年を経て明治十二年に『民情一新』が出た。この書において福沢は、十九世紀における蒸気船車、電信、印刷、郵便の四者の発明が「民情一新」の原因であることを力説した。福沢は前に『文明論之概略』において、治乱興廃は二三の人の左右し得るところでなく、全く「時勢」によって定まることを説いた。時勢とは何か。「其時代の人民に分賦せる智徳の有様」である。畢竟時の衆民の人心である。換言すれば、民情である。然らばその人心或いは民情は如何にして動くか。それは単独自発的に、動かんと欲する方向に向かって自ら動くものか、或いは人心は人心以外別にこれを動いて停まることを得しめない原因があって、そのために動くものか。『文明論之概略』はその点までは論及していない。然るに今『民情一新』に至って福沢は、社会を顚覆し、民情を一新するものは、前記の通り、蒸気船車以下四者（或いはいう、究極は蒸気の一力）の発明工夫であることを強調して説いた。蒸気船車、電信、印刷、郵便が人心を動かすといっても、これ等の四者そのものは人心そのものの所産に外ならぬというであろう。たしかにその通りである。ただ人間は、その自ら産み出したもののために役せられて奈何《いかん》ともすることを得ない、というのである。西洋人ならば、ここで魔術師が自ら呪文を唱えて呼び出した魔物が、勝手気儘に跳梁するのを最早奈何とも制御し得ないという喩えを引くであろう。福沢は、鷹を生んだ鳩の驚きということを言っている。「西洋人が此利器（蒸気船車以下四者）を発明したるは鳩にして鷹を生む者の如し。雛鷹の羽翼既に成れば半天に飛揚して衆鳥を鷙攫《しくわく》し、時としては其所生を嚇することもあらん。母鳩の驚駭狼狽も亦謂れなきに非ず。」

福沢はここに単に十九世紀における急激なる民情の変化を上記四者の発明に帰しているけれども、更にこの議論を拡充すれば、一般的に、あらゆる時代を通じて民情の変化と新技術発明との関係に対して一の歴史的通則を結論することが出来るであろう。歴史上における恣意と偶然の支配の容認を肯んじなかった福沢の思考は、ここに到って当然到達すべき確定地盤を得た観がある。

福沢が蒸気の力に着目したのは既に夙《はや》く、『西洋事情』初編（慶応二年）でも、同外編でも蒸気機関、蒸気船車及びその発明者について語り、殊に『西洋事情』の扉には「蒸気済人、電気伝信」の標語を掲げたくらいであったが、その考察を進めて、遂に『民情一新』中の理論に到達したのである。すでに蒸気船車の発明にかかる人心変動の作用があるものとすれば、更に蒸気に取って代るべき、新しい動力機関の発明採用が行われたとしたら、そのものもまた同じく社会変革の作用を逞しうするであろう。福沢は明治二十六年に書いた『実業論』の一節に、蒸気に代る動力として電気が現われ、しかもその電気を起こすのに、従来の如く蒸気に頼らず、水力を用いんとするに至ったことを「由々しき出来事」として指摘した。

福沢は更に飛行機の発明使用を想像して、それが社会的変動の上に如何なる結果を齎《もたら》すであろうかを推究せんとした。勿論福沢は生前今日の型式の飛行機を知らず、その想像に描いたものは「人体に羽翼を着る」式のものであったが、それは兎に角、もしこの種の飛行機の使用が普及したならば、社会人事の上には如何なる変化が起こるであろうかを彼れは問題にした。その年月は明らかでないが、彼れの書簡集を見ると、福沢がこの疑問を起こして人の意見を問うた一通がある。問われた相手は、浜野定四郎といい、福沢門下で特に自然科学を好み、その知識も豊かであったと知られている一人である。その文言は左の通りである。

一、物理器械ノ学漸ク進歩シテ人体ニ羽翼ヲ着ルコトヲ発明シ、人々老少ノ別ナク自在ニ空中ニ翔ルコト飛禽ニ異ナルナキニ至ラバ、左ニ掲ル社会人事ノ件々、今日ニ比シテ何様ノ変ヲ致ス可キヤ。

但シ羽翼ヲ着ケテ空中ニ翔ル其速力ハ一時間凡〇里ニシテ、其重キ物ヲ負担スルノ量モ、人々天賦ノ力ニ準ジテ相違アルモ、今ノ人ガ陸上ニ負担スルヨリモ軽重アル可ラズ。又羽翼ノ器械ハ成ルモ、人ノ徳義ヲ変ジタルニ非ラズ、此ママノ人ニテ器械ヲ用ルモノナリト知ル可シ。

一、人間社会運輸交通ノ法ハ如何ナル可キヤ。

道路ハ如何

鉄道ハ如何

海運ハ如何

郵便ハ如何

○○

○○

一、衣食住ノ有様ハ如何ナル可キ。

家屋建築ハ如何

寒暑ヲ防グノ法如何

台所世帯ノ風ハ如何

………

………

一、政体ハ如何ナル可キヤ、法律ハ何ト変ズ可キヤ、罪人捕亡ノ法ハ如何。

一、学問ノ風ハ如何ナル可キヤ。

一、農業商売製造都テ殖産ノ法ハ如何ナル可キヤ。

尚其外ニ問フ可キケ条ハ多カラン、御考被下度候。（全集第十八巻九二一―九二二ページ）

浜野は如何に答えたか、また福沢自身何等かの結論に到達したか否なか。いずれも伝えられてはおらぬ。しかしこの質問によって観ても、福沢の歴史観が如何なる方角に注意を向けるものであったかは、察することが出来る。

そこで再び『民情一新』に還る。その全篇の論旨を極めて簡略に約説すれば、およそ左の如くである。

抑も保守と進取と両主義の対立は、常にあるところであるが、世の文明開化は次第に進むを常として、退くものは甚だ稀れである。ただその進取の主義を唱えるのに「劇に過ぎて」世の嘲りを取り、人の信を失うことは戒めなければならぬ。（第一章）

然らば保守と進取と、これを悦ぶものは社会中いずれの種族であるかといえば、都会にいて、才学あり、年齢少くして家貧なるものは進取を喜び、富人、老成人、田舎にいて無学文盲なるものはこれに反するを常とする。（第二章）

ここに保守進取の両主義と至大の関係があるのは、十九世紀における蒸気船車、電信、印刷、郵便の発明である。古来発明工夫は尠なくないが、その影響の深大にして「人類肉体の禍福のみならず其内部の精神を動かして智徳の有様をも一変」したのはこの四者であり、今後の変化もまた意外に大であり、且つ広かるべきことは、保証しても過ちあるまい。嘉永年間の開国についても、蒸気以下の四者発明以前の西洋人ならばこれと相交っても恐るるに足らず、また拒まんと欲すればこれを拒むことも出来たであろうが、それを為し得なかったのは、彼れは既に蒸気と電信を有する西洋人であったからであり、また一たび国を開けば、独りわが国と外国との関係が生ずるのみでなく、蒸気電信の喚び起こす変動のわが国自身の内に生ずることを覚悟しなければならぬ。（第三章）

さてこの蒸気以下の利器を大いに利用するものは誰れかといえば、それは保守主義者でなくて、進取の人である。そこで社会の騒擾が起こる。文明開化が進めば、人々皆な道理に服して、社会は次第に静謐《せいひつ》となるという者があるが、毫もその証拠がない。反対に、もし今の事物の進歩を文明開化と称すべしとすれば、騒擾は益々甚だしくなる。政府は耐え得ずして、専制抑圧をもってこれに臨まざるを得ぬ。ナポレオン三世、ドイツ、ロシアの国情はこれを示している。しかし専制は断じて効を奏することはない。圧制が愈々強ければ、これに対する反抗もまた強からざるを得ず、遂に狙撃暗殺の暴挙に至ることロシア、フランス、ドイツにおける実例の如くなるであろう。それも不思議ではない。蓋し人類は、常に理と情との間を彷徨し、細事は理に依頼し、大事は情に成るの風であるから、その情海の波に乗せられて非常の挙動に及ぶもまたこれを如何ともすることはできぬ。而してその情海の波を揚げたものを尋ぬれば、千八百年

代に発明工夫した蒸気船車、電信、印刷、郵便と云わざるを得ないのである。(第四章)
ただ、ここに情海の波云々が蒸気以下四者の発明工夫によるというのは、やや漠然として把握し難いが、福沢が主として考えたのは、これ等の発明利器によって、思想の伝達普及が速かになった一事である。蓋し福沢は、文明開化そのもの、或いはその原因を「人民交通の便」に求め、而してこの交通の路は、上記の諸発明によって長足の進歩をなしたものであり、そうして電信、郵便、印刷も、結局蒸気の力を借りなければならぬものであるから、「人間社会の運動力は蒸気に在りと云ふも可なり。……蒸気一度び世に行はれてより、現に旧物を顚覆するは無論、凡そ人事の是非得失を論ずるに、旧時の先轍に照らして之を判断す可らず。正に是れ今日は世界一新の紀元と称す可きもの」(緒言)というものである。
然らばこの政治的社会的不満に対し如何に処すべきやというに、結局英国流の議会政治により、為政者が適時に、円滑に交代し、「政権の席上に長坐するの弊」なきことを期することが肝要である。(第五章)
以上が論旨の大略である。この書において注目すべきは、前述の如く、機械の発明が歴史を推進する力について強調し、而してそこに政治的社会的不安が喚び起さるるを指摘したことこれである。ただその場合、福沢が蒸気その他による人民交通の便の進歩にのみ着目して、機械の採用によって生産費が低下するとともに、傭主と労働者との階級的隔絶が深化せられ、失業者の発生、婦女幼少の酷使を来たしたことに言い及ばなかったのは、批評を免れぬかも知れぬが、しかも当時における西洋文明導入の第一の先達であった福沢が、宛かも世を挙げてそれを謳歌せんとしつつあるときに、西洋文明は必ずしも調和と繁栄とのみを齎すものでなく、進歩は混乱を伴うことを免れず、西洋諸国は現にそれがために狼狽しつつあると言い、蒸気電信等に屈してこれを容れたわが国は、また必ず蒸気電信等が呼び起す社会問題の発生を免れぬであろうと警めたのは、よく先覚者の名を恥かしめぬものと謂わねばならぬ。

福沢は民情変化の一徴候として、労働者がストライキとて「仲間に結約して其賃銀を貴くせんが為に職に就かずして雇主を要するの風」の英国に盛んなることを挙げ、また「ジッボン・ウヲークフヒールド氏出版の植民論」（Edward Gibbon Wakefield, *A View of the Art of Colonization*, 1849）の一節を引いて、教育の普及が英国で「チャルチスム」（Chartism）と「ソシヤリスム」なる二主義の流行を齎したことを記している。

更に彼れは「エカルド氏」の著書 Julius Wilhelm Albert von Eckardt, *Modern Russia*, London, Leipzig, 1870. に拠って、ロシアにおける近世社会思想史の一節を叙述し、アレクサンダア・ヘルツェン（福沢の所謂ヘルズン）及びその機関紙『コロコル』の独裁政府攻撃、カトコフの反駁、更に所謂虚無党員《ニヒリスト》の皇帝に対する兇行等について語っている。固より社会主義、共産主義、虚無主義等の文字が日本の著作者の筆に上ったのは、この時が最初ではない。明治の硯学中加藤弘之は既に明治三年その『真政大意』の中に「コムミュニスメヂヤノ、或ハソシアリスメ抔《など》申ス、二派ノ経済学」のことを言い、西周《あまね》は明治五、六年の頃通有党《コミユニスト》、公共党《ソシヤリスト》及びロシヤ「烏有党《ニヒリスト》」について記しているが（永田広志『日本唯物論史』一〇六―一一六ページ。麻生義輝『近世日本哲学史』二六〇―二六六ページ）、福沢が蒸気その他の発明の輸入が或いはわが国に惹き起こすであろう人心激動の先例としてこれ等の運動に着目したことは、特に記して好いことであろう。

『民情一新』「旧藩情」と唯物史観

『民情一新』や「旧藩情」と唯物史観との関係について一言すれば、福沢はマルクスまたはマルクシズムについて恐らく殆ど何も聞いていなかったと思われる。また、後にわが邦でマルクシズムが流行思想となったとき、福沢は暫く忘れられていた。その中でも殊に『民情一新』や「旧藩情」は人の話題に上らない著作であった。ただ一たび唯物史観を知った者が、偶々《たまたま》自国を顧みて福沢にこれ等の著述を知ったとき、恐らくここに異常の興味を感じたことは確かであろう（私の知る限り「旧藩情」の価値を始めて公けに認めたものは、白柳秀湖であったろう。更に近く詳しく福沢の著作を論じたものに『日本唯物論史』の著者永田広志がある）。同時にまた、従来一切社会の歴史は階級闘争の歴史であるといい、「人間の意識がその生活を定めるのでなくて、反対に、その社会的生活がその意識を定める」といい、「手磨臼は封建諸侯を有つ社会を生じ、蒸気製粉機は工業資本家を有する社会を生ずる」という如きマルクスの語句は、福沢がもし聞いたら必ず同感し、首肯したであろう。

ただ福沢とマルクスとを取って対照するとき直ちに感ぜらるることは、後者における形而上学的の語気が前者に全く欠けていることこれである。マルクスは物質的生産力が歴史推進の原動力であるという。しかし、マルクスの物質的生産力なるものは、単に歴史を動かすばかりでなく、それを必ず予定の終点（共産主義）に向かって動かすものとして説かれている。前記の手磨臼や蒸気製粉機に現われる物質的生産力なるものは、畢竟人間の発明工夫熟練によって造り出され、もしくは増進したものでなくてはならぬが、マルクスにあっては、この生産力がそれ自体によって存し、それ自体によって発展する、最終のものであるかの如く取り扱われ、而して歴史を造る人は、封建諸侯も農民もブルジョワジイもプロレタリアも、結局みなその傀儡に外ならず、而して凡べての演技の終わりにおけるプロレタリアの勝利、私有財産の解消は、動かすべからざる既定の世界計画ででもあるかの如く説かるるところに、ヘエゲル歴史哲学の影響は、最後までマルクスに着いていた。

ヘエゲルにあっては、世界史は神の合理的なる世界計画の実現過程であって、その経過を支配するものは絶対的なる世界精神であった。しかし、既にヘエゲルを脱却し、倒立せるヘエゲル弁証法を正しく足で立たせた、と自ら称するマルクスとしては、およそ科学的に実証することの出来ない世界計画という如きものを承認すべきでないこと、固より言うまでもない筈であるが、しかし歴史の経過を、動かすべからざる必然的のものなりとし、過去の経過が必ずそうあるべくしてあったのみならず、未来の経過もまたその方向、階梯、終結等において、凡べて既定のプログラムによって定められているかのように説いた点において、マルクスは後年に至ってもなお依然としてヘエゲル的であり、彼れが歴史の究極の説明をそこに求めた生産力も、往々ヘエゲルの世界精神の化身かと異《あや》しませるほどの印象を与える節がある。

これと比較するとき、福沢は著しく実証的、地上的であって、終始「理と数」と「証拠」を重んずる態度をかえておらぬ。マルクスはヘエゲル哲学をもって出発し、フォイエルバハの人本主義（Humanismus）によってヘエゲルの檻を脱出したといわれているが、ヘエゲルを離れた丁度その頃に書いた『神聖家族』（一八四五年）の一節に「歴史の出生地は天上の雲霧の中」でなくて「地上の粗なる物質的生産」にこれを求めなければならぬと謂った。この頃彼れの思想は急角度をもって転回し、長足の歩みをもって経済史、経済学の研究に突進して、遂に唯物史観に到達したのであるが、彼れ自らその発足の始めには、歴史の出生を「天上の雲霧の中」に求める一人であったのである。福沢は違う。彼れが若い時勉強して学んだ儒教に、形而上学がなかったとは言えないが、彼れは絶えてその方向に興味を惹かれた形跡がない。自ら記している如く、「生来士族の家に育せられて世界の何物たるを知らず、所読の書は四書五経、所聞の家訓は忠孝武勇、仏を信ぜず神を崇めず、以て成年に及び」先ず西洋の自然科学を学び、次いで経済学倫理学を知り、更に次いで歴史に対する科学主義の応用に進まんとした福沢は、科学的に確証し得る因果の究明以外のことにはその興味を動かされぬ人であったように見える。

例えばマルクスが確実に唯物史観に到達する直前、即ち矢張り前掲『神聖家族』の一節に、弁証法的に共産主義を論結したことがある。即ち彼れは、富とプロレタリアとを、「肯定」及び「否定」として相対立させ、「プロレタリアはプロレタリアとして己れ自身を、またそれとともに、己れを制約する対立者を、彼れをプロレタリアたらしめる対立者、即ち私有財産を、止揚することを余儀なくされている」云々、という。そうして、プロレタリアは己れ自身と、その対立者即ち私有財産とを止揚することによって、始めて勝利を得る。それが即ち「否定の否定」だというのである。けれども、それは全然言葉の上の抽象的推究に過ぎぬ。それは現実社会の機構に対する、何等の経験的知識なしにも下し得る結論であって、福沢の考え方とはおよそ無縁のものである、もし彼れをしてこれを評せしめたなら、全然証拠のない架空の談理だと言ったであろう。

福沢の自ら誇る「鄙事多能」は、ひとり実生活上の態度についてのみ言われることではない。

学問上の考察においても、彼れは常によく鄙事に注意し、着目した。衣食住及び衣食住の生産を、彼れは常に特別の興味をもって観察した。前に記したように、大阪から下って着いた、その江戸の入口の芝の田町附近において、先ず路傍の家で鋸鑢《やすり》を製作しているのを見て驚嘆したという福沢は、ひとり夙く慶応三年に『西洋衣食住』の著述があるばかりではない。その執筆の全時期を通じて、彼れは様々の機会に、各種の生産、製造工程に関する見聞知識を、好んで事細かに記述する人であった。彼れは終始「地上の粗なる物質的生産」を忘れない人であった。これと比較すれば、マルクスは遥かに「ドイッチェ・イデオロギイ」籠中の人であったと謂い得るであろう。

「人間は彼自身の歴史を造るが、しかし人間はそれを自由なる材料から造らず、自ら選択した事情の下に造らないで、直接目前に与えられた、伝来の事情の下に造る。」これはマルクスの言葉である。歴史の経過が勝手気儘の水路を取るものでないという意味において、そうして「直接目前に与えられた、伝来の事情」なるものが、気候、風土、天然資源、生産交通の資材施設、技術、知識、思想、風俗、慣習、制度、信仰、伝統等、その時における自然と文化の総体と解せらるる限り、このマルクスの言葉は極めて正当である。ただマルクスがこれだけに止めず、更にかくる人間が「与えられた、伝来の事情の下に造る」歴史が、必ず或るただ一つのものでなければならず、それ以外の経過はあり得べからざるものとするときに、忽ち異議が起こるのである。

人間が自由な材料では歴史を造らぬということは、まことにその通りである。しかし、与えられた材料をもって造る歴史にも、種々様々な可能の途が開かれている。それをこの点に止めずして、特定のただ一つの場合（共産主義）が必然で、それ以外のものは、凡べて不可能であると主張するのは、具体的なる実証に基づいたものではない。政略的揚言と希望的予測を除外すれば、ここに世界史に神的統治の実現を見る、ヘエゲル歴史哲学の影響が、間違いなく認められるように思う。

更にマルクスは屢々、原始共産体の崩壊とともに始まった階級闘争が、共産主義の実現とともに終息すると説いているが、ここに、人類が過去に失った楽園を未来の千年王国において回復するという、ヘブライ民族的信仰の変形を見るというものもある。いずれにしてもマルクスの歴史理論が、もしもこの種の形而上学に憑《よ》るものであるならば、それはその限り最早科学的攻究の平面に属するものではない。福沢の場合はそうでない。歴史の説明を「天上の雲霧の中」に求めることは、福沢には遂に思い及ばぬことであった。彼れの儒学の造詣は決して浅くないものであったが、彼れは堯舜の治をもって人類の黄金時代とはなさず、また今日をもって澆季の世ともしなかった。彼れは人類が野蛮、半開、文明の段階を上るものとし（或いはいう、渾沌、野蛮、未開、開化、文明と）、その昇階は偏えに人智の進歩により、而して今後におけるその進歩もまた予め測るべからざるものとして、これに対して無限の信頼を寄せていた。而してその議論は凡べて科学的実証の平面上に終始した。福沢が自ら儒教主義に養われて、而して後これを離れてこれを撃ったことは、マルクスのドイッチェ・イデオロギイにおける趣きと相類するものが多い。しかし福沢が所謂東洋流の惑溺を排し、陰陽五行説の妄誕と絶縁したことは、マルクスがヘエゲル的形而上学、またそれと不可分なるヘエゲル的用語惑溺からの離脱に比して、遥かに截然たるものがあったように見える。

『民情一新』及び「旧藩情」の解題としていうべきことは、およそ以上の如きものである。二書共に一片の小冊子に過ぎないが、しかもわが国の史学社会学の発達史上特殊の地位を要求し得るものである所以は、ほぼ諒承せられたことと思う。二書の内容は、明治十年前後という制限を離れても、今もなお特異の価値を有するものであり、今日の読書界に新たに紹介せられて然るべきものであると思う。興味があるのは、福沢自身右の『民情一新』の英訳出版を考えたことがあることである。それは、この書の出版後四年あまり、明治十七年のことで、その頃福沢の長男次男がアメリカ留学中であったが、次男の捨次郎が、何か翻訳文を雑誌に投稿して稿料十ドルを得たことがあった。福沢はそれをきいて大いに喜び、「父母の喜悦は万金を得たるに優る」と返書にいったが、それについて思い付いて、『民情一新』一部を送るから、学業の余暇にこれを英訳して追々新聞へ寄稿した後、これを人とも相談の上、米国で出版してはどうか、といい送った（明治十七年一月十六日書簡）。その理由として「第一は外国人をして日本国の事情を知らしめ、第二は日本学士（学者）の思想を示し」、また第三には、日本人が著述するのに日本の読者のみを相手にしないで、外国人の批評にも訴えるということになれば、「日本人も次第に学問を重んずるの心を生ずべきや」と思われるからだ、といっている（全集第十七巻六三一ページ）。

この提案の始末はどうなったか分かっていない。私たちの知る限りにおいては『民情一新』の英訳書というものは目に触れないし、多分そのままになってしまったものであろうと思われる。ただこの事は、福沢がこの著述に或る自信を持ち、敢えて外国人に示すを憚からぬと思っていたことを察せしめるものとして興味がある。事実この書は、『西洋事情』や『学問のすゝめ』はいうまでもなく、恐らく『文明論之概略』に比較しても、西洋の文物思想の導入以上に一層福沢独自の見解及び思想を述べたものとして、著者としては或る愛着を感じたものではなかったろうかと察しられる。

この関連において紹介すべきは、福沢の「読史」と題する七言絶句である。曰く、

史家心匠不公平　　史家ノ心匠公平ナラズ
片眼唯看政与兵　　片眼タダ看ル政ト兵ト
兵事政談毎喋々　　兵事政談ハ毎《ツネ》ニ喋々シ

不知衣食頼誰成　知ラズ衣食ノ誰レニヨリ成ルカヲ

詩としての巧拙はここにいうべき限りではないが、その主旨とするところは当時としては時流をぬきんでた史学上の識見であった。それが明治十一年の作、即ち「旧藩情」の翌年、『民情一新』の前年の作であることは、特に記して好いことであろう。

（昭和二十一年九月、昭和三十七年七月改稿）

（昭和二二刊『福沢諭吉民情一新』解題。『小泉信三全集』一九）

福沢諭吉――西欧文明の推進者

鹿野政直

慶応義塾の徽章はペンの交差した図案からなっている。まことにこの図案は、福沢諭吉の奮闘的な生涯を象徴しているかのようである。福沢諭吉は、封建的な武断の秩序から近代的な言論の秩序への転換にあたっての、おそらくもっとも巨大な指導者であった。かれは、封建制度にたいする日本でのもっとも果敢な闘争者の一人であり、世界史的にみても、アジアにおける資本主義文明のもっともすぐれた推進者の一人にかぞえられよう。

そのように福沢諭吉の名は文明と結びついている。かれ一流のあけすけな表現を借りるなら、「西洋流の一手販売、特別エゼント」(『福翁自伝』)であった。それだけにかれの名は、ペンに象徴される自由が剣によってしばしば折られざるをえなかった近代日本にあって、圧制にたいする抵抗の拠点として、くりかえし生き生きと回想されてきた。そうしてその意味では福沢諭吉の名は不滅であろう。けれどもそれと同時に、かれの生涯には文明の信奉ゆえの錯誤はなかったろうか。今日ふかくわれわれをとらえている文明を客観視するためにも、わたくしはこの点に強く関心をそそられずにはいられないのである。

そこでここでは、文明という観念を手がかりとしながら、封建日本の一青年がこの文明にいかに対応していったか、ついで文明をひっさげて封建色ゆたかな日本にいかに立向ったか、さらに結局文明にいかにとらえこまれていったか、を検討してみよう。

封建秩序からぬけ出る

一八六二年（文久二）かぞえ年二十九歳の福沢諭吉は、幕府の遣欧使節竹内下野守一行の翻訳方としてヨーロッパにいた。かれにとっては六〇年（万延元）の渡米につづいて二度目の洋行であった。フランス・イギリス・オランダ・プロシア・ロシア・ポルトガルをめぐったこの旅行で、なにを学んだか、かれは『福翁自伝』のなかでつぎのようにのべている。

「政治上の選挙法といふやうなことが皆無《かいむ》分らない。分らないから選挙法とはどんな法律で、議院とはどんな役所かと尋ねると、あちらの人はただ笑つてゐる、何を聞くのか分り切つた事だといふやうなわけ。ソレがこちらでは分らなくてどうにも始末がつかない。また党派には保守党と自由党と徒党のやうなものがあつて、双方負けず劣らずしのぎを削つて争ふてゐるといふ。何のことだ、大平無事の天下に政治上のけんかをしてゐるといふ。サア分らない。コリヤ大変なことだ、何をしてゐるのか知らん。少しも考へのつかうはずがない。あの人とこの人とは敵だなんといふて、同じテーブルで酒を飲んでめしを食つてゐる。少しも分らない。ソレがほぼ分るやうにならうといふまでには骨の折れた話で、そのいはれ因縁が少しづつ分るやうになつて来て、入りくんだ事柄になると、五日も十日もかかつてヤッと胸に落るといふやうなわけで、ソレが今度洋行の利益でした」

かれはここに、資本主義文明とその政治形態としての議会政治、その原理としてのデモクラシーの理念にめざめたのであった。そうしてそれは、かれのそれまでの生涯の一つの決算としての意味をもっていた。

福沢諭吉は一八三五年一月十日(天保五年十二月十二日)、中津藩奥平家の十三石二人扶持の武士福沢百助の次男として生れた。百助はすこぶる好学の士であったが、あくせくと俗務をつとめなければならぬ身の上。産婆さんからこの子は乳さえたくさんのませればみごとに育つときいて、僧侶にしたいとつねづね妻にかたったといわれる。世襲制度がきちんと定まっていたなかで、おそらく自分のふさいだ気持がおのずから投影されてのことであろう。そのように僧侶だけは出身にかかわらず栄達のみちのひらかれている職業ではあった。

当時、次三男は封建的な給禄体系から一応除外された存在であった。かれらの地位は家督相続の予備員たるにとどまり、多くの場合、最良の就職口は他家の養子となることであった。諭吉もおさなくして叔父・中村術平の養子となっている。しかしそのことは、かれら次三男が封建的束縛から比較的離脱しやすい境遇におかれていたことでもあった。一八三六年（天保七）に百助が死んだため、はやく家をついでいた兄の三之助が、封建的忠誠のいわば権化であったのにたいし、養子になっていたとはいえ、次三男意識のあふれる諭吉は、そうした兄を客観視することができた。

「ある時兄が私に問をかけて『お前はこれからさき何になるつもりか』といふから、私が答へて『さやうさ、まづ日本一の大金持になつて思ふさま金を使うて見ようと思ひます』といふと、兄が苦い顔してしかつたから、私が反問して、『兄さんはどうなさる』と尋ねると、まじめに、『死に至るまで孝悌忠信』とただ一言」というエピソード（『福翁自伝』）は両者の性格の対照をあざやかに示している。

子ども心にも育っていった秩序への批判の目は、いたずらという子どもらしいかたちをとって、いたるところで発揮された。藩主の名のあるホゴをふんで兄にしかられたのがきっかけとなって、神様の名を書いてある札をふんでみて、なんの罰もないことをたしかめたり、それから度胸がついて、あちこちの稲荷をあけては神体をとりすてたり、なかでもなによりも不平に思ったのは、厳重な門閥制度であった。藩の重役の子どもたちに学問でも腕力でも負けはしないという自負心が、その不満をかりたてた。

福沢諭吉のこうした不満に方向をあたえることとなったのは、一八五四年（安政元）の長崎行きである。その前年のペリーの浦賀来航は、封建日本の片すみにあるこの藩にも衝撃をあたえた。砲術修業の必要性が急速に認識され、そのためには原書を読まねばならぬというところから、好学のかれに話があって、「人の読むものなら横文字でも何でも読みましょう」と蘭学修業に長崎へおもむいたのである。

「故郷を去るに少しも未練はない、こんなところにだれがゐるものか、一度出たらば鉄砲玉で、ふたたび帰つてきはしないぞ、今日こそいいこころもちだとひとり心で喜び、うしろ向いてつばきしてさつさと足早にかけ出した」（『福翁自伝』）

ペリーの来航は、佐久間象山・吉田松陰ら志士にふかい危機感をあたえ、彼らはおさえきれない衝動にかられて、浦賀へはせ参じたのであったが、いなかの下級藩士の次男であるこの青年は、その衝動による秩序の割れめを利用して、封建秩序から逃げ出そうとしたのだ。父の百助がかれの栄達を僧侶になることに期待したのにたいし、蘭学修業が身分秩序からぬけだすとぐちをつくったとは、しかも砲術修業がその看板になったとは、まさに時代のふんいきをよくつたえる行動であったといえよう。それだけに福沢は、自分を中津へひきもどそうとするあらゆる圧力をはねのけてゆく。そうして一八五五年（安政二）大阪へでて蘭医緒方洪庵の適塾にはいり、塾長をつとめるにいたる。その間に兄が死に、福沢家をつがなければならなくなるが、周囲の猛反対をおしきり、砲術修業にゆくということでようやく藩の許可をえて、適塾へ復帰したこともあった。五八年（安政五）江戸の藩邸からよばれ、かれは鉄砲洲の奥平家中屋敷に蘭学塾をひらくこととなった。慶応義塾の起源である。

一八五八年は幕末政治史上画期的な年であった。この年井伊直弼が大老に就任、将軍継嗣争いにけりをつけ、アメリカをはじめ西欧列強と修好通商条約を結び、あわせて反対派大名や志士たちをいっせいに弾圧する。けれどもそうしたあわただしい政治情勢をよそに、福沢諭吉の目は横文字をとおして海のかなたへと見ひらかれていた。五九年（安政六）のある日、かれは一昼夜歩きつづけて、ひらけたばかりの横浜へ外国の空気を吸いにいった。だが、そこでかれは痛切な教訓を得る。オランダ語はほとんど役に立たない！ もはや日本にとって異国とはオランダだけではなかった。ひとたび落胆したかれは、はやくもその翌日から「以来はいっさい万事英語と覚悟をきめ」た。

一八六〇年咸臨丸が太平洋をわたった。そのなかに軍艦奉行木村摂津守の従僕として、福沢諭吉の顔がみられる。つてをもとめてすすんで一行に加わったのである。「牢屋にはいって毎日毎夜、大地震にあっている」ような航海ののち、かれははじめてアメリカの土をふんだ。みるものきくものすべて驚きのたねならざるはないなかで、なかでも奇妙の感にたえなかったのは、ワシントンの子孫の現況をたずねて、すこぶる冷淡な答をもらったことである。六二年の洋行における利益というのは、第一回の洋行での、こうした疑問に徹底的な解答があたえられたことにほかならなかった。

この点こそが、同時期の他のほとんどあらゆる思想家から福沢諭吉を区別するもっとも重要な指標となった。佐久間象山の「東洋道徳、西洋芸術」、橋本左内の「器械芸術は彼に取り、仁義忠孝は我に存す」などにみられるように、当時の先駆的な思想家の意識は、資本主義文明の成果を主として技術面にかぎって導入しようとするところにあった。それは当時にあっては改良主義的理論として機能したとはいえ、やがてふかく近代日本の精神史に定着し、和魂洋才の様式をかたちづくってゆく。

けれども福沢諭吉はそれとはまったく対蹠的に、資本主義文明を、それを生みだした精神から理解しようとしたのだ。それはおそらく、佐久間らが志士的自覚を出発点としていたのに反し、福沢が封建秩序からの脱走をもとめて、ここに到達したというちがいによるものであろう。ともあれ、こうしてかれは、封建秩序からの脱走の結果として、資本主義社会という、まったく別個の秩序のイメージをいだくことができたのであった。

わたくしは、福沢諭吉の思想の形成にあまりに筆をついやしすぎたかも知れない。しかしその過程は、封建社会に生をうけた一青年が、既存の秩序からの脱却をめざして、ついにまったく別個の秩序のイメージを規範として自分の内部に確立するにいたる一つの典型を示している、と思われるのである。

三つのベストセラー

脱走の生涯がおわり、資本主義社会という秩序を価値の基準として封建社会を照らしだす生涯がはじまってゆく。ヨーロッパ旅行から帰国してとりまとめた『西洋事情』(一八六六年)は、その第一作であるが、その「小引」に、「ひとり洋外の文学技芸を講究するのみにて、その各国の政治風俗如何をつまびらかにせざれば、たとひその学芸を得たりとも、その経国の本《もと》にかへらざるをもつて、ただに実用に益なきのみならず、かへつて害を招かんもまたはかるべからず」とあるのは、そうした意味ですこぶる興味ぶかい。かれは後年、政治を最高の価値とする考えかたを一貫して批判しているが、それは一見逆説的ながら、この時期における資本主義的政治形態への、するどい着目をとおしてはじめて生れでるものであったのである。

やがて明治維新。それを福沢諭吉は、「この塾のあらん限り大日本は世界の文明国である。世間に頓着するな」といって、一日もかかさず慶応義塾で洋書を講じながら迎えた。ついで文明開化へと情勢は急速にうごいてゆく。そのなかで福沢は政府からの出仕の要請をことわり、慶応義塾の経営に力をそそぎ、明六社社員としても活動する。が、三田先生福沢諭吉の名を全国に浸透させたのは、いうまでもなく『学問のすゝめ』（一八七二～六年）『文明論之概略』（一八七五年）をはじめとする活発な文筆活動であった。

日本の啓蒙思想を代表するこの二つの書物は、文明を規範とし、日本を「半開」（福沢は社会の発展段階を未開・半開・文明の三つにわけている）として、その文明化に関する具体的な方策を論じた著述であるとみることができる。そのなかでかれは、身分制度・専制政治にたいする批判を痛烈に行ない、封建的「仁政」のぎまん性を徹底的にあばいた。

かれは文明の要件として、一身の自由と独立を力説し、従来の卑屈な気風から脱却するみちを「人間普通日用に近き実学」にもとめ、それがいかに欠けているかを指摘してやまなかった。さらにかれは、「自由独立の事は人の一身に在るのみならず一国の上にもあることなり」とのべ、一身の自由独立を一国の自由独立へとおよぼしてゆく。すでにかれは、「一身独立して一家独立、一家独立して一国独立、天下独立」とのべていたが（松山棟庵宛書翰＝一八六九年）、一身の独立を、すなわち服従ではなく独立を、一国独立の基礎単位とすることによって、あたらしい国家体制の構想をうちだしたのである。

けれども福沢が批判したのは直接に政治にかかわる部門のみにはとどまらない。かれはあえて、封建的価値意識＝当時の美徳＝の対極にみずからを位置づけてゆくのであった。かれはあえて「臆病」をもって生きようとする。また、「殺風景」をもって生きようとする。慶応義塾ではじめて授業料をとるなど金銭＝利益＝の追求を正当なことだと考える。細事にかかわらないことをほこりとする意識を否定して、「鄙事《ひじ》に多能なる」人間として生きてゆく。漢文的教養をもちながら、あえて平俗な文章をつくり、用字もたとえばオソルは恐、ミルは見の一字に制限する。男尊女卑を当然とする空気のなかで、あえて女性の尊重を実行する。

こうした生きかたは、規範とする文明にたいするよほど明瞭な映像と、周囲の状況にたいする目ざめた認識あってはじめて可能である。目ざめた認識はうたがう精神に直結する。そのような意味から、福沢はうたがう精神の倫理化をはかってゆく。「信の世界に偽詐多く、疑の世界に真理多し」（『学問のすゝめ』）。

このようにかれは、封建的迷蒙からの脱却をよびかける。またかれは、つぎのようにものべている。

「古人は疑の心をもつて人間悪徳の一個条に数へこみたれども、今日の文明は全く天地間の事物に疑をいれたるによつて達しえたるものなれば、疑の心決してこれを人間の悪徳といふべからず、もししひてこれを悪徳とせば、今日の文明は悪徳の結果なり」（『疑心と惑溺と』＝一八八九年）

このことばによって、かれは個々の反価値行動を収束する原理を示したのだ。悪を原理と定置することによって、いかにかれは自己の行動に反倫理的な意味をこめていったことか。そうしてそれゆえにかれは、それまで悪とされていた行動に、倫理的な意味をあたえることができたのでもあった。

世界の歴史の展開のなかで、日本の歴史にやせほそっているという感じがいだかれるとすれば、それをめだたせてきたのは、ある意味で、悪人らしい悪人の少なかったことにあると考えられる。秩序に反抗する人間、それにうたがいをいだく人間、それを無条件で信仰しえない人間は、もとより数多くでたが、自己の立場をあえて悪と位置づけた人間はごく少ない。多くの場合、わが身を反省するかたちで秩序の不合理性を相殺するか、自分の立場を「狂」ととらえることによって、秩序を自己もろとも否定し去るか、あるいは現世での改革を断念して、無用者との自覚をふかめてゆくかのコースをとった。

その結果、既存の秩序に対抗するあたらしい秩序のイメージは、ほとんどの場合結晶しきることなく、したがって、あたらしい価値意識は、なんらかの既存の権威によりかかることによって、はじめてその正当性を主張しえたのであった。けれども福沢の場合はそうではない。かれは悪を原理とすることによって、もっとも徹底したかたちでの価値の転換＝創造を、すなわち歴史の創造をこころざしたといわなければならない。

それだけに既存の価値にたいする福沢のあざやかな切れ味は、保守派のにくしみを一身にあつめることとなった。維新前後にかれはしばしば暗殺の危険にさらされ、また日蔭町あたりの草紙屋では、福沢の似顔のうえに「法螺をふく沢うそをいふ吉」と記した漫画のようなものを売っていたともいわれている。しかしかれが保守党派からにくまれただけ、それだけにかれの名は、封建制度の重圧から形式的には解放されたばかりの、そうして実質的にはそれにまだ苦しんでいるひとびとのうえに輝きわたった。

武蔵国調布上石原の地主の息子・中村重右衛門は、福沢諭吉の著書をむさぼり読み、やがて自由民権運動に参加した。かれは慶応義塾入学を念願としたが、家庭の事情でそれがかなわなかったため、後年長男の純一を入学させて、少年の日の夢の実現をわが子に託している（田中紀子「中村重右衛門伝」『多摩文化』九）。

尾張国海部郡鍋田村の庄屋であった佐久馬国太郎も、福沢の『西洋事情』をよんでこれに心酔し、やがて国会開設運動に奔走するようになり、息子の山治を慶応義塾へ入れた（武藤山治『私の身の上話』）。阿波国榎瀬村の中川竹次郎は、農業のかたわら藍《あい》商売をしており、福沢流の学問を好み、『明六雑誌』などを読む文明開化人であったが、いとこの鳥居龍蔵が家業をつごうか遊学しようかと思いまどっていたとき、本人の決心にまかすようにとりはからってやった（鳥居龍蔵『ある老学徒の手記』）。

土佐の青年植木枝盛は、一八七五年上京して寸暇をおしみ独学にはげんだ。かれはせっせと福沢の三田演説会へかよったばかりでなく、『学問のすゝめ』や『文明論之概略』を熱心に読んだ。やがてかれは自由民権左派の代表的な理論家に成長してゆく（家永三郎『植木枝盛研究』）。

肥後の豪農の息子である徳富猪一郎にとって、福沢は目標の一人であった。かれは『学問のすゝめ』を熟読しては、書込みでまっくろにした。かれは市中に売っている福沢の写真の裏に「君コソハ我畏友ナリ」と書いて向上心をもやした（徳富蘆花『富士』）。千葉県埴生郡長沼村用掛の小川武平は、五十二歳になるまで手紙を書いたことのないほど文字に縁遠いひとであったが、『学問のすゝめ』をよんでいたく感奮し、同村と近村や県吏との沼の所有権をめぐる係争事件の解決を、福沢にたよっていった（増田信吉『福沢先生と小川武平翁』）。あるいは山本有三の『路傍の石』を読んだひとならば、作者の分身といわれる主人公の愛川吾一少年が、『学問のすゝめ』にひきこまれ勇気づけられてゆくくだりに、わがことのような共感をいだいたことを記憶しておられよう。

これらは、福沢諭吉の著述がいかにひとびとをめざめさせていったかの、ほんのわずかな実例にすぎない。『西洋事情』『学問のすゝめ』『文明論之概略』は、いずれも当時のけたはずれのベストセラー、偽版もでる人気をえたが、そのようにかれの思想は、他の思想家たちをはるかにとびこえる規模をもって直接に国民の心にくいいり、自由・独立の観念の土着化に、また文明の映像の移植に生き生きと機能した。そうした意味でかれのこの時期の活動は言論の有効性についてあたらしい問題を、今日にまで投げかけているのである。

俊秀の官僚である井上毅が「進大臣」のなかで、「福沢諭吉ノ著書一タビ出デ、天下ノ少年、靡然トシテコレニ従フ、ソノ脳漿ニ感ジ、肺腑ニ浸スニ当テ、父ソノ子ヲ制スルコトアタハズ、兄ソノ弟ヲ禁ズルコトアタハズ、コレアニ布告号令ノヨク挽回スル所ナランヤ」(大久保利謙「明治十四年政変と井上毅」『明治文化史論集』所収)とのべているのは、その有効性を政府のがわから証拠だてている。

文明の信奉ゆえの誤り

けれども福沢諭吉が規範として日本社会を照らしだすのに有効にはたらいた「文明」は、こんどは福沢諭吉をとらえてゆく。封建秩序からの脱走をめざしていたかれにとって、文明＝西欧列強のすがたはあまりにも圧倒的であったため、かれは文明化＝資本主義化＝西欧化というコース以外を構想することができなかった。

かれはかつて西欧社会に接して文明という観念をつかんだのであったが、こんどは文明という普遍的な価値を、西欧という個別社会にかさねあわせてゆくこととなった。そのとき文明開化にかわって富国強兵がそのスローガンとなった。一身の独立にかわって「尚商立国」がその目標とならざるをえなかった。一八八二年に創刊した『時事新報』で、かれは富国強兵による西欧列強の一員への成長と、さらにその一員として列強との競争を説くこととなった。それへの最短距離として、軍備充実・租税増徴・官民調和が、『時事新報』の基調をかたちづくってゆく。その主張をかれは「内安外競」とも形容している（『時事小言』）。

『学問のすゝめ』のなかで、福沢諭吉は国の独立の具体的な様相について、つぎのようにのべていた。

「理のためには『アフリカ』の黒奴にも恐入り、道のためにはイギリス、アメリカの軍艦をも恐れず、国の恥辱とありては日本国中の人民一人も残らず命をすてて国の威光を落さざるこそ、一国の自由独立と申すべきなり」

そこにはいわば小国的なナショナリズムがつらぬかれていた。しかし、いまや大国の列にくわわることが、国の独立をすすめるゆえんとされるようになったのである。

そのころ西欧列強の植民地や利権の獲得競争は、とくに中国を舞台として日ごとにはげしさを加えつつあった。それだけに福沢諭吉が西欧列強の一員になろうとすることは、具体的にはこうした植民地獲得競争に参加することを意味せざるをえなかった。かれはすでに一八八三年（明治十六）「日本国はその食《は》む者の列に加はりて、文明国人とともに良餌を求めん」（『外交論』）とのべ、翌年には清国分割地図を作成して、日本のわけまえを台湾と福建省の一部と想定していた。そのことは、日本がアジアの一国であることをはなれることにほかならない。

一八八五年（明治十八）、かれは維新の意義を「脱亜」の二字に要約しながら、「日本の国土はアジアの東辺にありといへども、その国民の精神は、すでにアジアの固陋を脱して、西洋の文明に移りたり」とのべ、したがってアジアの「悪友」である清国と朝鮮とを謝絶すべきであると主張した（『脱亜論』）。とともに、この両国が「世界文明諸国の分割に帰すべきこと、一点の疑あるなし」と予測しながら、「シナ朝鮮に接するの法も、隣国なるがゆゑにとて、特別の会釈《えしやく》におよばず、まさに西洋人がこれに接するの風に従つて、処分すべきのみ」とかさねて力説したのでもあった。西欧化におけるアジアでの優等生のみちをかれはめざしていた。

しかし文明へのみちとして、こうしたコースしか設定されなかったのだろうか。そうではない。内村鑑三のように「東西両洋の中裁人、器械的の欧米をして理想的のアジアに紹介せんと欲し、進取的の西洋をもつて保守的の東洋を開かんと欲す、これ日本帝国の天職と信ずるなり」（『日本国の天職』＝一八九五年）として、アジアへの連帯意識をたもちつつ、日本をふくめてアジア全体の文明化をめざすひともいた。しかし文明＝西欧という定式を確立させていた福沢にとって、こうしたコースはもはや無縁のものでしかなかった。

一八九四〜九五年の日清戦争を、福沢は「文野」（文明・野蛮）の戦争と規定しながら、その支持に全力をあげた。日清戦争後の日本は、福沢の所期のとおり「大国」となってゆく。そのような自足の感慨にとらわれながら、一八九七年（明治三十）より九八年にかけて『福翁自伝』をまとめ、その生涯を回顧する。「（明治）三十年の今日より回想すれば恍《こう》として夢のごとし、ただ今日は世運の文明開化をありがたく拝するばかりです」

その満足のうちに一九〇一年（明治三十四）、二十世紀の最初の年の二月三日に死がかれをおとずれた。衆議院は院議で哀悼の意を表し、ジャーナリズムはこぞってかれの死をおしんだ。近代思想の幾多の先覚者、坂本龍馬・高野長英・佐久間象山・横井小楠・吉田松陰と、この書物でとりあげられてきたひとたちが、申しあわせたように非業の死をとげたのとは対蹠的に、それは栄光につつまれた死であった。

そのなかで『慶応義塾学報』の臨時増刊『福沢先生哀悼録』に「宇都宮市、一商婦」が「このたびの御永眠をうけたまはりかなしきかぎりに御座候。（中略）この上は先生の御遺訓の教を御ひろめ世のために御尽力をひとへに願上候」と書送っているのが、さすがにこの巨人の死をひそやかにとむらうひとの多いことを思わせた。

（昭和三七・四・一五『朝日ジャーナル』。昭和三七刊『日本の思想家』）

福沢諭吉と『文明論之概略』

加藤周一

民権と国権

一八七〇年代の日本で、福沢諭吉の思想家としての独創性は、国内の民主主義の必要と対外的な国の独立の必要とをむすびつけ、まとめて理解することのできるような立場を発明したということに、あるだろうと思う。

国会開設を当面の目標として、国内の民主主義の必要を説いたのは、「民権」論者である。開国と共に、欧米先進国の政治制度についての知識は増し、またその政治思想の影響も漸く著しくなろうとしていたからである。条約改正を当面の目標として、対外的な国の独立の必要を説いたのは、「国権」論者である。植民地帝国主義国の外からの脅威を、その頃痛切に感じなかった日本人は、教育程度の高い層の中では、少かったからである。

しかし「民権」論者のなかにも、また「国権」論者のなかにも、「民権」と「国権」との関係を福沢諭吉ほどはっきり見とおした者は少なかった。

福沢が「民権」と「国権」の関係を、どう内面的に理解していたかは、一八七二―七六年に書かれ、後に『学問のすゝめ』としてまとめられた諸論文と、一八七五年に刊行された『文明論之概略』によって、充分に知ることができる。

『学問のすゝめ』には、二つの原理がある。

第一に人間の「平等」の原理。これは有名な「天は人の上に人を造らず人の下に人を造らず」にあらわれている。そこから個人の「自由独立」が正当化され、強調される。「独立」は、殊に政治的な権力に対する「独立」であるから、これはまた「民権」尊重の主張そのものだということもできるだろう。福沢自身はその「民権」尊重を、ただ政治的な「民権」の拡張の要求として具体化したばかりでなく、また政府の活動に対する民間の活動として言論・教育の面にも実行した。福沢が生涯を通じて一度も職を官に奉じなかったのはそのためである。『学問のすゝめ』のなかでも、福沢の職を官に奉ぜざるの弁は、官尊民卑の風潮のはき気を催すような明治社会において、夏目漱石の博士号拒絶の弁と共に、実にさわやかな精彩を放っている。

第二に、国家の平等、従って「独立」の原理。これは「又自由独立の事は人の一身に在るのみならず一国の上にもあることなり」ということばに、よくあらわれている。

そこで福沢は、この第二の原理と第一の原理との関係を、「一身独立して一国独立する事」と表現した。その内容は、主として二つである。「独立の気力なき者は国を思ふこと深切ならず」――「独立の気力」がないのと、「人民の権義」がないのとは、相伴うことである。人民に権義がなければ、責任もない。専制のもとでは、国が人民のものではないから、その人民に、国のため身命を捧げることを期待することはできない。強兵を望めば、人民の権義をみとめなければならぬ。外に対して国権をまもるためには、国内に民権を伸長しなければならぬというのである。これが第一点である。第二点は、「内に居て独立の地位を得ざる者は外に在て外国人に接するときも亦独立の権義を伸《のぶ》ること能はず」ということ。世にいわゆる「一辺倒」の弊を排するということであろう。特定の外国を崇拝して独立の気風に乏しい傾向は、決して今にはじまったことではなく、明治初期にすでに、英学を修むる者が英国の風を尊び、独逸の学を修むる者が独逸の風に傾く弊害の指摘されていたことにもうかがわれる。そこで福沢は事の根源にさかのぼり、外国人に接しながら独立の考えを保つためには、わが国人の独立の気風を、あらかじめ国内においても養っておかなければならぬ、と論じたのである。国内における個人の独立は、国外に対する国の独立と、その個人を介して関連するだろう。

しかし国内の「民権」伸長と対外的な「国権」伸長、個人の独立と国の独立が、福沢のいうように密接に関連しているとして、特定の場合には対立することがないだろうか。少なくとも対立を予想したからこそ、「民権」論者と「国権」論者の争いも鋭くなったはずである。そこで次の問題は、その二つの原理が対立する場合に、福沢がどちらかの原理が優先すると考えたかということであろう。その決定的な答を『学問のすゝめ』のなかだけにもとめることはむずかしい。われわれは、どうしても『文明論之概略』を参照しなければならない。

『文明論之概略』もまた二つの原理をたてている。

その第一の原理は、「文明」の必要であり、第二の原理は、国の「独立」である。「文明」は国内問題であり、「独立」はいうまでもなく対外問題である。「文明」とは、人民の「智徳の進歩」である。（その価値の根拠は、「天理の在る所」と「人性の何物たるを察」する所にもとめられている）

さてこのような第一の原理と第二の原理との関係は、ここでも、第二の原理（国の独立）を実現するためには、第一の原理が必要な条件だということに帰する。その意味で、「独立を保つの法は文明の外に求むべからず」であり、また「国の独立は目的なり、国民の文明は此目的に達するの術なり」ということができるだろう。

ここまでのところは、外に対する「国権」の伸長という目的を達するためには国内における「民権」の伸長が必要だという『学問のすゝめ』の議論と、あきらかに重っている。

原則と実際

しかし『文明論之概略』は、他方で、こういうこともいっている。「人間智徳の極度に至ては、其期する所、固より高遠にして、一国独立等の細事に介々たる可からず」。「文明」と「独立」とが対立するときに、優越するのは「文明」であって、「独立」ではないというのである。これは、「独立」が目的であって、その目的を達成する手段が「文明」だというまえの議論と、一見矛盾するようにみえる。福沢はその辺のところを、どう折り合せていたのであろうか。『文明論之概略』には、福沢の答がはっきりと出ている。まずそれをみて、その答に照らして『学問のすゝめ』をあらためて読みなおし、あわせて一八七〇年代の福沢の思想の構造を要約すれば、およそ次のようになるだろうと思う。

第一、原則的（一般的）には、個人の自由独立、人民の智徳の進歩、——「民権」の伸長と国内の民主主義を支える価値は、国境を超越し、従って対外的な国の独立、「国権」の伸長ということに優越する。

第二、一八七〇年代の日本がおかれている国際的状況は、権力政治の渦中そのものである。「国と国との交際に至ては、唯二条あるのみ。云く、平時は物を売買して互に利を争ひ、事あれば武器を以て相殺すなり」。こういう国際関係に、「一視同仁四海兄弟の大義」の原則を以て臨むことはできない。殊に「日本の文明は西洋の文明よりも後れたる」条件のもとで、——つまり力関係の著しい劣勢のもとでは、「独立」の「事の急なる文化を顧るに遑《いとま》あらず」である。なぜなら「先づ日本の国と日本の人民とを存してこそ、然る後に爰《ここ》に文明の事をも語る」ことができるからだ。従って、

第三、実際的（特殊状況的）には、対外的な「独立」を当面の目的とせざるをえない。国内の「民権」伸長と「文明」の開発は、その目的を達するための手段ということになる。

この福沢の議論の構造は、第一次世界大戦当時の夏目漱石の考え方によく似ているといえるだろう。漱石は個人の生活に貫かれ得る道徳的原則が、国家権力の行動に貫かれることはないといい、従って平時には国家が個人の生活に干渉すべきではない（原則的な一般論）と結論しながら、しかし戦時には国家の干渉の大きくなるのもやむをえない（実際的な特殊状況論）ことをみとめた。その具体的例として、漱石は帝政独逸の平時徴兵制度に反対しながら、英国が戦時中に導入した徴兵法をやむをえない処置としたのである。しかし漱石流の考え方は、明治の日本において、例外であった。

日露戦争以後の内村鑑三は、福沢とは根本的にちがう立場をとった。個人と個人の間にあるべき正義は、国と国との間にも支配すべきである。それが実際の国際社会に支配していないと

いうことは、日本国が国際権力政治を前提として行動する理由にはならない。剣を以て起つ者は剣を以て亡ぶ、相手方が剣を以て迫ってきたとき、やむをえなければ殉教の道を選ぶほかはない、と内村はいったのである。これは宗教的な絶対平和主義であり、明治の日本においては、漱石流の考え方よりも、もっと例外的であった。

明治社会において支配的であった考え方は、福沢の、後には漱石の、とって譲らなかった原則をはじめからあいまいにしたままで、「国権」伸長に無限に傾いてゆくことのできる実際主義であった。福沢にとっては、個人の自由独立、人および国の平等、文明の進展は、原則として国家に超越し、国の独立にさえも先行する価値であった。特殊な状況のもとで、「事の急なる」場合にだけ、国の独立を第一の目標にかかげることもやむをえない、と福沢は考えたのである。

けだしこの「やむをえない」の一語は、その立場を、「国権」の伸長が日本国の第一究極の目標であるという明治官僚社会に一般的な政治哲学の立場から、はるかに遠く隔てるものである。「やむをえない」の一語あるが故に、福沢はたとえば「報国心」（または「愛国心」でもよろしいが、むろん福沢のことばのほうがはるかに正確である）について、次のように書くことができた。

「報国心は一人の身に私するに非ざれども、一国に私するの心なり、……故に報国心と偏頗心とは名を異にして実を同ふするものと云はざるをえず。」

そういい切ることのできた思想家は、明治以後の日本の社会に少なかったろう。現に今でも多くはない。たとえば、福沢について書きながら、その「熱烈なる愛国心」と「愛国者としての彼れの面目」を力説した小泉信三（「福沢諭吉と日本の近代化」『世界』一九六五年四月号）の文章には「愛国心」をやむをえざる「偏頗心」とする考え方は、少しも窺われない。むしろ逆に、「愛国心」がそのまま積極的な価値であるかのように、当然頌《ほ》むべきものとして扱われている。

経験の思想化

それならばなぜ福沢諭吉だけが、個人の自由独立を抜くべからざる価値として説き、人の人としての平等を唱えてゆずらず、そこから発して各国の平等と独立の権義にまでその考えを及ぼしたのであろうか。福沢だけではなかったにしても、他ならぬ福沢その人において、個人の独立と国家の独立とのためにもっとも一貫した主張が、形成されたのはなぜであろうか。独特の経験がなければ、独創的な思想はない。福沢はそもそもどういう経験から出発したのであろうか。

『福翁自伝』によれば、「福沢諭吉の父は豊前中津奥平藩の士族」であった。中津藩は小藩である。「父の身分はヤット藩主に定式の謁見が出来ると云ふのですから足軽よりは数等宜しいけれども士族中の下級」である。諭吉は小藩の下級士族の末子であった。そういう条件のもとで、徳川身分社会の枠の崩れぬかぎり、少年が将来に大した望みをかけることはできない。だからその父は諭吉を坊主にしようと考えていたという。坊主ならば、「魚屋の息子が大僧正になった」という話もなくはなかったからである。福沢はその後実際に坊主にはならなかったけれども、『福翁自伝』のなかで往事を想出してこういうのである。「私は毎度此事を想出し、封建の門閥制度を憤ると共に、亡父の心事を察して独り泣くことがあります。私の為めに門閥制度は親の敵《かたき》で御座る。」――

「門閥制度は親の敵」を裏返せば、人間の平等と自由独立の主張ということになる。福沢は西洋思想の影響を受けたから、個人の自由独立を唱えたのでは決してない。小藩の下級士族の末子が、その精神的・身体的能力にも拘らず、身分上の差別待遇をうけて、がまんならず、自由独立の要求の抑え難いものがあったから、西洋思想の影響をうけたのである。もしそうでなかったら、中津藩をとび出して長崎へ遊学もしなかったろうし、長崎を去って欧米の現地に赴きもしなかったろう。(余談ながら、福沢の時代においても今日においても、西洋思想の影響というものがあるとすれば、それは馬鹿が口をあいて上を向いていると天井から西洋思想が落ちてくるというようなものではない)

下級士族の息子は福沢だけではなかった。況や、封建制度、身分制度の被害をしたたかにうけたのは、福沢だけではなかった。だから福沢が踏まえていた個人的体験には一般性があり、従ってその体験から発した思想にも普遍性があったのである。福沢はその一般的な体験を鋭く深くうけとったのであり、その体験を思想化する能力を備えていたのだ。能力の内容は、主として、儒学的な教育を通じて訓練された頭脳と、英学を通して知った西洋思想の知識である。とにかく個人の独立の思想は、福沢にとっては、親の敵のように、抜きさしならぬものとして成立した。

福沢は明治維新のまえに三度外国へ行った。一八六〇年と六七年に米国へそれぞれ五ヵ月ばかり、六二年から欧州各国へ一年ばかり。これが当時の日本人にとって、例の少ない経験であったことはいうまでもない。その経験は、おそらく二つのことを意味したろうと思われる。

第一には、『文明論之概略』が語る「文明」の実際を見たということ、また「民権」の伸長の、実際に伸長された結果を、単に書物の上だけではなく実地に見聞したということ。

第二には、その「文明」国がアジアにあらわれるとき、いかなる暴逆が行われるか、植民地帝国主義のインドや中国における実態を見聞したということである。後者は当然日本国の独立がどれほど必要かということの痛切な実感につながったはずである。当時植民地帝国主義の外からの脅威を感じたのは、福沢だけではなかった。だから国の独立を強調する福沢の議論は孤立しなかった。しかしインドや中国における西洋帝国主義の実際を見た者は少なかった。ということは、福沢が、その時代の日本人に一般的な問題を、より広く、より直接に、経験したということである。だから同時代人に向って抜群の説得力をもって訴えることができたのである。国の独立も、経験を通して、福沢の思想のもう一本の抜く可からざる柱となった。

政体観と歴史観

『文明論之概略』は、以上述べてきたところの他にも、実に多くの論点を含んでいる。しかもそのなかには今なお傾聴すべき洞察が少なくない。もし読者が一八七〇年代の状況と、一九六〇年代の今日の状況とを重ねてこの一冊の本を読めば福沢の論点がどれほど普遍的であり、洞察がどれほど鋭かったかを、ほとんど手に汗を握るような気持ちで、こまかく辿ることができるだろう。ここでその内容のすべてを紹介することはできないけれども、私は今、今日からみて、殊に興味深い二つの論点を指摘しておきたいと思う。その第一は、政治制度に関し、その第二は歴史に関する。

福沢は王制にしても共和制にしても、およそすべての政治制度には長所と共に欠点があり、絶対に理想的な制度もないが、絶対に悪魔的な制度もないといっている。「立君の政治必ずしも良からず、合衆の政治必ずしも便ならず、……其体裁〔制度〕果して不便利ならば之を改むも可なり、或は事実に妨なくば、之を改めざるも可なり」である。目的は「唯文明の一事あるのみ」だから、異る政治制度は目的を達するための手段の相違にすぎない。手段については、「随《したが》て之を試み、随て之を改め、千百の試験を経て其際に多少の進歩を為すべきもの」と考えればよろしい。特定の政治制度を他国に押しつけるためにその国の人民を爆撃するような「聖戦」の誤りを、日本の民主主義の最初の唱道者福沢はすでにはっきりと見抜いていたのである。

歴史については英雄豪傑・政治的指導者の個人が、歴史のすじ道を決定するのでなく、天下の人心の趣く所、時の勢いが、歴史の方向を決定すると考えていた。「正成の死は後醍醐天皇の不明に因るに非ず、時の勢に因るものなり。正成は尊氏と戦つて死したるに非ず、時勢に敵して敗したるものなり」である。すなわち歴史家の任務は、その決定的な「時勢」の分析であって、それを「人間不在の歴史」などというのは、無意味だということになる。

そういう観点から、『文明論之概略』は、「権力偏重」の徳川体制を徹底的に批判し、「専制の政治」が拙劣であったからでなく、まさに巧みであったからこそ、徳川体制は文明の進歩を妨げ、余害の今日に及んでその「永世の遺伝毒」の除く可からざる所以を、実に鋭く説きあかしている。この歴史的な分析は、徳川社会から明治社会への移行を根拠づけるばかりでなく、その大すじにおいて、戦前から戦後の社会への現代日本の移行をも説明し、戦後民主主義を根拠づけるためにもまた立派に役立つようなものである。

（昭和四〇・四『エコノミスト』四三の一四。昭和四一刊『日本近代の名著』。昭和四七刊『称心独語』）

福沢評価の問題点

遠山茂樹

日清戦争讃美をもって、福沢の一生涯の思想的努力の意義が一切失われたと考えることは、歴史的評価として、あるいは公正ではないのかもしれない。

彼に死をもたらす大患にかかる直前の、明治三一（一八九八）年三月の三田演説会で、「自分独りで自国ばかりが尊い、自国ばかりが大きなものとして威張って居ることは、何としても是れは事実に於て行はれない事である。此に於てか平等の大義、即ち彼我相対すれば全く同等であると云ふ大義が生じて来る。その平等の大義と云ふものは国交際の根本である」と演説して、「自尊他尊」の必要を説いた。戦勝に酔う世論にたいし反省を求めたものであった。もとより「自尊他卑」の弊の原因をもっぱら古学主義・儒教主義に求め、それへの批判が中国・朝鮮への蔑視に結合するという論理構成を依然としてとっていたし、また忠君愛国を強調して国民の戦意をあふった彼の言論の責任にも例によってふれられていなかったが、国家間の「平等の大義」という彼の思想の原点をテコに、時代の大勢にたいする警世の言を公にしたことは看過することができない。その翌月、交詢社大会で、『間違の進歩』と題する演説をおこなった。「人間世界の進歩と云ふものは、ますます事を多くしてますます事を綿密にし、議論を喧しくして、さうして段々進めば進む程、間違ひが多くなる」「即ち間違ひがプログレスシーヴに段々出来て来る」といい、「ますます世の中の交際を恐ろしく綿密にし、議論を喧しくして、人の言ふことには一度や二度では承服しないやうに捏《こ》ね繰《く》り廻はして、さうして進歩の先陣となって世の中をデングリ返す工夫をすると、斯う云ふことに皆さんも私も遣りたい。私は死ぬまでそれを遣る。貴方がたは命の長い話であるから、何卒して此人間世界、世界は率《い》ざ知らず、日本世界をもつとわいわいアヂテーションをさせて、さうして進歩するやうに致したいと思ふ。それが私の道楽、死ぬ迄の道楽、何卒皆さんも御同意下さる様に」と結んだ。平穏をのみ事とする秩序の擁護者に甘んじていたのではない。『文明論之概略』『民情一新』で語られた進歩の確信が生々と息づいており、六五歳の老人をして、アヂテーターを自負せしめたのである。まことにわが国に稀な生命の永い思想家であった。

福沢の晩年の思想をうかがうものに、二六〜二七年の執筆にかかる『福翁百話』と、三〇〜三三年の筆にかかる『福翁百余話』がある。

彼は西洋文明の学問専一を主張しつづける。「我輩は西洋文明の学問を倡め、之を折衷して漢学説に附会せんとする者に非ず。古来の学説を根柢より顚覆して更らに文明学の門を開かんと欲する者なり」（『福翁百話』三四話）。文明進歩の目的と確信をかく語る。――「文明進歩の目的は国民全体を平均して最大多数の最大幸福に在るのみならず、其幸福の性質をして次第に上進せしむるに在り。歴史百千年の前後を比較して此幸福の数果して増したるや減じたるや、幸福の性質上進したるや低落したるや、即ち是れ統計の数字に見る可き所にして、我輩は断じて其増進を明言して尚ほ未来の望を抱く者なり」（同上八六話）と。――またいう「今の世界の人類は開闢以来年尚ほ少《わか》くして、文明門の初歩、次第に前進する者にこそあれば、其経営中固《もと》より絶対の美を見る可らず」（同上一〇〇話）。言論の自由を説いて「文明進歩の程度を計るに其標準とす可きもの少なからざる中にも、言論の自由不自由は恰《あたか》も人文の進退を表はすの信号とも名《なつ》く可きものにして、其束縛を弛めて次第に自由に移るは紛れもなき文明の進歩として見る可し」（同上六二話）と道破する。

天皇制についても冷静な歴史的判断を曇らせてはいない。「今の文明国に君主を戴くは、国民の智愚を平均して其標準尚ほ未だ高からざるが故なり。其政治上の安心尚ほ低くして公心集合の点を無形の間に観ずること能はざるが故なり。彼の政客輩が一向に共和説を唱ふるは、身躬から多数の愚民と雑居して共に其愚を与にするの事実を忘れたるが故なりと、断言して憚らざる者なり」（同上九四話）。君主と国家の成立についても「浮世の実際に於て其政府の創立起源を尋るときは、多くは腕力を以てしたるものにして、創立者の心事如何に論なく、国民の眼を以て見れば自から横奪の姿あるが故に、其外面を装ふが為めに種々の手段を施し、或は君主の盛徳を頌し、或は天与天助等の語を用ひて、兎に角に一国に君臨する者は、一種の神霊として自家の尊厳を維持す」（同上九四話）と、君主の神格化を批判した。啓蒙思想家として最後まで健在であったということができよう。

いったい福沢思想の基本は、三十余年の思想的営為の全過程を通じて変わらなかったと解すべきか、変化したと評価すべきかについては、Ⅰにのべたように〔本書収録せず〕研究者の間で意見は分かれている。羽仁氏は、一時的に逸脱挫折はあったとはいえ、その自由主義者・民主主義者としての本領は、一定の限界をもちながらも一貫していたと見ている（『白石・諭吉』）。安川寿之輔氏は「思想家としての福沢諭吉の全体像を、後進国日本のブルジョアイデオローグと評価し、政治的役割においては、基本的に明治絶対主義（政府）の『開明派』を支持する立場にあった」と見て、「福沢の思想の生涯に基本的な変化があったとは把握しない。変化したのは、あくまで福沢をとりまく明治日本の政治的・経済的社会環境であり、この社会状況によって、福沢のはたす政治的・社会的役割は当然変化するが、福沢の思想そのものは、のちに考察するかれの生涯の『大本願』の道を一筋に進んだのである」と明確に不変を主張した（「福沢諭吉の教育思想」㈠『社会科学論集』第一号）。

これにたいし変化説をとるのは、つぎの諸氏である。丸山眞男氏は、民主主義思想としての性格についてはかならずしも変化の時期をはっきりさせていないが、国際政治論に関して一一年の『通俗国権論』以後、論理自体の変化があったと論じた（『福沢諭吉選集』第四巻解題）。服部之総氏は、絶対主義思想家としての戦略上の変化はなく、変化の認められるのは戦術上だけだとの見地から、明治五、六年までの前半期と、それ以後の後半期に分けることができるとした（「文明開化」『服部之総著作集』第六巻）。ひろた・まさき氏は、この服部説をうけて、「民撰議院論争のはじまる明治七年一月、この時点は、日本啓蒙主義凋落の始点であり、したがって福沢の変貌の始点でもあった」とし、一四年の『時事小言』で「決定的凋落」に入ったと論じた（「日本啓蒙主義の凋落」『史林』昭和三九年六号）。家永三郎氏は、初期は絶対主義に傾斜しているが、のちには純粋な英米流の新興資本主義イデオローグとしての本領を発揮したとし、その時期分けを、二〇年前後においている（「福沢諭吉の人と思想」『現代日本思想史大系』二）。変化の内容、変化の時点については、まさに各人各様に意見は分かれているのだが。

私は従来福沢の進歩的立場は一三年に挫折したと説いた（「日本国民抵抗の精神」『世界』六二号）。この年神奈川県九郡人民総代の国会開設建白書を代筆して実際運動にかかわり、その体験をふまえて年末から『時事小言』の執筆にかかるその意図に着目したからである。しかし本書では、一四年の政変で大きなショックをうけその渦中で前記の書を公刊した、この年をもって、変化の画期と考えたい。

福沢の啓蒙・著述の究極目標が、「如何でもして国民一般を文明開化の門に入れて、此日本国を兵力の強い商売の繁昌する大国にして見たい」という「大本願」にあり（『福翁自伝』）、これは『学問のすゝめ』から最終著作に至るまで変わらなかったことは、安川氏が指摘するとおりである。独立自尊の標榜にしても「実学」の奨励にしても、文明開進の西洋主義の主張と儒教主義の排斥にしても、それが最後までくりかえし説かれていたことは明らかである。しばしば挫折の象徴とされる官民調和論にしても、権力偏重を批判し独立自尊を主張する持論といかに内面的にむすびついていたかは、丸山氏の明快に論じたところである。個々の論点をとり出せば、情況のちがいにかかわらず、変わらなかったということができるかもしれない。彼自身も、自分の思想の一貫性を強く主張していた。彼は学者の任務を病状診断にたとえたことは前述した。日本の政治・社会の病状の変化にしたがって、診断書の内容は異なってくることはいうまでもないが、はたして診断にあたる原理と姿勢そのものが変わったのかどうかを、診断書たる著作から私たちが判定することは容易ではないのである。加うるに彼の論述には「当り障りのないことをいうに甘んぜず、しばしば求めて当り障りの強いことをいい、いわば曲った弓を矯めるため、常にこれを反対の方向に曲げることを厭わぬ」という傾向が強く（小泉信三『福沢諭吉』）、これがまた彼の立論の魅力となっているのであるが、ここから当然生まれる「誇張」

や「偏説」にとらわれ、これを挫折・変説の根拠としてしまいかねないのである。私は、こうした点を考慮に入れた上で、なおかつ彼の思想の性格と役割とは変わったと結論したいのである。

思想の変化とは、価値判断と論理構成およびその基礎にある姿勢＝政治的・社会的立場の変化である。私は、福沢がいかなる政治的・社会的立場に立ち、主として誰に向かって、何を訴えようとしたかを基軸に、彼の思想の性格とその変化を追求しようと試みた。

福沢は、学者——彼の立場——と、政治家との任務のちがいを常にくりかえし説いてきた。学者の議論は、現在其時にあっては功用少なく、多くは後日の利害にかかわるものだ（『人の説を咎むべからざるの論』）、学者は病状を示すことで、治療は政治家の任務だ（『文明論之概略』）とのべた。また「学者（政治を論ずる学者——著者註）も政治家も等しく政治学部内の人物にして、等しく政治の進歩を願ふ者なれば、其所論固より一国の政事に及ぶ可きは当然のことにして毫も怪しむに足らず。唯其相異なる所は、一は局外に身を安んじて断じて事を執るの念なく、一は現に局に当り又其局に当るを以て畢生の心事とするの点にあるのみ」（『学者と政治家との区分』一六年一一月）とのべた。そして政治を論ずることと、政治を行なうことの区別が明らかでないのは、道徳と政治の混淆した儒教的政治観によるものだと説き、漢学者が官途に地位を求めるに汲々したことを非難した。そこから、彼が政治にたずさわる意志は、旧幕時代以来なかったという弁明を、『福翁自伝』で強調したこと、これまた前述したとおりである。

しかしこの区別が彼の現実の言動において、誤りなく処理されたということはできない。『福翁自伝』の記述は、事実にあわず、政治に直接関与しようとしたことが一再ならずあったことは既述した。たとえば明治一七年の甲申事変のクーデター計画に福沢は積極的に参加したが、この点につき、彼の意をうけて朝鮮まで活動した門下生井上角五郎は「先生は常に、余は作者で筋書を作るのみである。其筋書が舞台に演ぜらるるのを見るときは、愉快に堪へないけれども、其役者の如きは誰でも構はず、又これがために自分の名利を望むの念などは毛頭ないといはれてゐたが、金・朴の一挙(甲申事変—著者註)に就ては、先生は啻《ただ》に其筋書の作者たるに止まらず、自から進んで役者を選び役者を教へ、又道具その他万端を差図せられた事実がある」と語った(石河幹明『福沢諭吉伝』第三巻)。権力とむすんで政治の筋書を書くことが、学者の任務の範囲内かどうかにも疑問があるが、それをこえて役者に教え道具をそろえるという政治関与をした事例は、このときだけでなく、征長の役建白書や一四年政変前の政府新聞発行計画の引受けでも、その意図は見られた。

彼の主張する「実学」が「世上に実のなき文学」を排し、一身独立、一家独立、一国独立にかかわるものであることを主張する以上、政治にかかわり政治にはたらきかけようとしたのは当然であった。しかし同時に、旧幕時代の学問・教育が権力に従属し、人を治める為政者のために存在していたことを批判し、人民の生産・生活に役立つべき学問・教育を主張していた。学問のあり方についてのこの二つの主張から、学問・教育の自由と独立を重んぜよという思想が出てくるのである。彼は学者が官に入らず在野の立場を守るべきこと、学問・教育の主流を私立学校のそれにおき、国家権力の干渉を排することを論じたゆえんであった。たしかに学者在野論、教育独立論は、彼の思想の初志を貫くことができるかどうかを決定するかなめの位置を占めていた。

しかし福沢は、権力とのかかわりあいに必ずしも禁欲的ではなかった。思想家としての生涯の出発から権力と密接な関係にあった。廃藩置県以後の明治政府の文明開化政策を支持し、その力に頼って自分の理想の実現を期し、みずからも「明治政府のお師匠様」をもって任じた。彼は政府の施策に不満――といっても基本方向に反対であったのではなく、もっと文明化に邁進せよという激励であったが――を表明していたが、学制にせよ、地方議会開設にせよ、壬午・甲申事変にせよ、彼の言論が政府の政策に反映したと考えられる場合は少なくないのである。「日本が旧物破壊・新物輸入の大活劇を演じたるは即ち開国四十年のことにして、其間の筋書と為り台帳と為り、全国民をして自由改進の舞台に新様の舞を舞はしめたるもの多き中に就て、余が著訳書も亦自から其一部分を占めたりと云ふも敢て疚しからず、余の放言して憚からざる所なり」（『福沢全集緒言』）と、主張の実現に満足の意を表明したのは、三〇（一八九七）

年のことであるが、大筋でいえば、権力の志向と彼の発言とは方向を同じくしていた。

福沢は明治政府に対立する立場に立ったことは一度もなかった。否、明治政府の開化政策、資本主義化政策、軍備拡充政策、朝鮮・中国侵略政策を積極的に支持したイデオローグであった。そのかぎりで、彼の立場は基本的には変化はなかったし、その歴史的評価にも意見の分かれることはないのである。それにもかかわらず、その発言が国民の思想形成にもった役割には、尋常の権力支持とは異なるものがあるのではないか、その役割が時とともに変化したのではないかという問題が依然として存在すると考える。

彼は、人民が自主的な立場から明治政府の開進政策と対外政策に協力する、そのような独立の気象をもつネーションたらしむべく、人民の啓蒙にこれつとめた。この目標は明治初年の現実の国民的課題であっただけに、その発言は知識人によって熱烈に支持された。そもそも絶対主義権力への自主的協力が国民的課題となるということは、西ヨーロッパの古典的絶対主義国家の場合ありえないことであった。彼の国々の場合、廃藩置県・秩禄処分といった封土・俸禄制度の撤廃はありえなかったし、四民平等を立て前とする学校教育制度も、国民からの徴兵軍隊制度もなかったし、立憲制創始の意図もあるはずはなかった。そのいずれもが絶対主義権力の倒されるブルジョア革命によってはじめて実現したことである。そうしたブルジョア的改革をみずからの手で遂行することを不可避の課題とした明治維新は、世界史的にはきわめて特異な絶対主義の生誕であった。その特異な性格を典型的に代表した思想家が福沢であった。

明治政府は在来の領主権力が拡大強化・変容したものではなかった。幕府権力は倒れ、これに代わったものは雄藩連合政権ではなかった。その形態をとったのも束の間、雄藩々士を中心とする改革派武士が新しくかつぎ出した天皇の官吏として明治中央政府を構成した。幕府を倒しこの新しい権力を作ったものは、一応薩・長・土・肥の藩権力を利用したものの、それを押しすすめのりこえたのは全国有志の士の力といってもよいものであった。天皇制権力は、封建権力の統一という側面と同時に、封建支配者内部の「下」からの力によって創出されたという側面をもっていた。福沢が、維新政府を、国民一般の智力、人民の力によって作られた権力と見たのも、この側面を重視したからである。古い身分制支配秩序は崩壊し、それに代わる支配秩序がまだ出来あがっていなかったのが、明治五〜七年、『学問のすゝめ』『文明論之概略』の執筆されたときであった。どう作るかはこれからの課題であった。天皇制官僚も、その基盤をなす下級士族も、自主的に新しい秩序を創設する力を欠いていた。政治制度・財政制度・産業制度も、教育制度・軍事制度も、新設のモデルは、ブルジョア革命・産業革命を経過した欧米の国々の既成のそれに求められた。『福沢全集緒言』は、『西洋事情』がなぜかくも日本社会を風靡したかについて、維新の事の経営にたずさわる有志者が、鎖国攘夷の愚は知ったが、さりとて開国文明に入るに拠り所をえず、当惑していたところ、この書を見、これこそ文明の計画に好材料なれととびついたとのべ、『西洋事情』は鳥なき里のこうもり、『無学社会の指南』として、維新政府の新政令もこの小冊子より出たものがあると記した。まさにこうした条件の存在が、福沢をして天皇制権力の利用に大胆たらしめたのであった。

欧米資本主義社会の思想が、古い幕藩制秩序を破壊する武器として、また明治国家建設の指針を示すものとして、その本来もつ革新的な主張においてすなおに受けとられたのが、維新当時の特色であった。資本主義社会が形成され成熟されるにしたがって、ブルジョア自由主義思想は革新的な主張がぬき去られ、封建思想と妥協抱合せしめられる度合が強まったのである。洋書から学び知った欧米の自然科学・社会科学の知識が自分の思想の骨格であり原理原則であることができたし、日本も歴史発展の法則により欧米社会のごとくなるにちがいないと信じて疑わなかったのが、福沢だけではなく、この時期の洋学者＝啓蒙者の共通した姿勢であった。しかしとくに福沢にあっては、文明開進の学の先導者としての自覚が強かっただけに、その原理原則への確信は晩年にいたるまで比較的保持されていた。もとより欧米諸国の経過した歴史過程が「丸出し」に日本にも実現するとは考えられておらず、そうした西洋至上主義、西洋心酔論者に批判を加えていたことは前述した。彼が原理原則をのべた次に必ずといって良いほど、「然りと雖も」とそれに限定修正を加えたのも、日本のおかれた現実、その中で選択せざるをえない限界の存在を重視していたからである。そして現実の分厚い壁の前に、原理原則の主張と確信とは年とともに後退せざるをえなかったが、それでもなお原理をすべての領域にわたっていっせいに変更ないし撤廃することはなかった。後退変説はなしくずし的に行なわれた。彼の発言が、政治・教育・経済だけでなく、婦人論をふくむ広汎な人間関係にわたっていたことも、彼に幸いした。国内政治論が後退し精彩を失い、国権論が原則をこえて優位をしめた一六(一八八三)年以降、儒教的道徳教育の復活を批判する教育論が活潑におこなわれ、これと雁行して婦人論・男女道徳論の主著が一八(一八八五)年以後つぎつぎと出て、二〇(一八八七)年以後に教育論が後退した時期、彼が最初の大患から回復した直後の三二(一八九九)年にも、『女大学評論・新女大学』を出して、その健在ぶりを世人にあらためて認識させた。この書にいう「右に論ずる所、道理は則ち道理なれども、一方より見れば今日女権の拡張は恰も社会の秩序を紊乱するものにして遽《にはか》に賛成するを得ずとて、躊躇する者もあらんかなれども、凡そ時弊を矯正するには社会に多少の波瀾なきを得ず、其波瀾を掛念とならば、黙して弊事に安んずるの外なし(中略)。今婦人をして婦人に至当なる権利を主張せしめ、以て男女対等の秩序を成すは、旧幕府の門閥制度を廃して立憲政体の明治政府を作りたがる如し。政治に於て此大事を断行しながら人事には断行す可らざるか、我輩は其理由を見るに苦しむものなり」と。官尊民卑の打破について、立憲政治の政党政治への発展について、自信と意欲とを減退しつつあった当年の彼に、なお改革者としての意気込みを回復せしめたものは、婦人論であったということができよう。思想的生命の永きを維持できた理由の一つは、ここにあった。

彼のもろもろの発言の究極目標は、彼の原理からする、あるべき近代国民を創出することであった。彼は「大本願」を、欧米から不平等条約を強制された小国の地位から脱け出て「兵力の強い商売の繁昌する大国」となることにおき、学者としての任務は、この「大国」への発展を担う国民を、教育をとおして育成することにあるとした。この場合、古来からの「権力偏重」の伝統の中で、「政府ありてネーションなし」という現実から出発せねばならなかったという事実を看過することはできない。後日から回顧すれば「衣食こそ智力の発生活用の本なるに、其本を問はずして却て末を論じ、智あれば衣食ここに至る可しとて、人の無教育を咎むるは、因果の順序を顚倒して無理を責るものと云ふ可し」（『貧富論』二四年四月二七日～五月二一日）という「無理」をおかしてまで、「今日の土百姓も明日は参議と為る可し、去年の大輔今年は町人なり（中略）。富貴の門に門はなきものぞ。門もなき其門へ這入ることを得ざる者は、必ず手前の無学文盲と云ふ門ありて自から貧乏の門を鎖し、自分勝手にて娑婆の地獄に安んずるなり」と熱烈によびかけて（『農に告るの文』七年二月）、民衆が解放される一切の鍵が勉学にあるかに説いたことは、ブルジョア的転化の経済的政治的条件の成熟をまつ余裕なく、絶対主義権力によって上からのブルジョア的改革を行なわざるをえなかった矛盾を反映していたとすべきだろう（前掲安川論文参照）。だからといって、人間は本来平等なりと強調した発言をもって、虚偽の幻想を国民にあたえたものと評することは歴史的ではない。

明治政府が文明開化政策をとりはじめ、しかも針路のモデルを探し求めていた好機をつかまえ、その上からの改革が必然的にもつ欠陥——福沢のいわゆる皮相・外形だけの文明化、文明の精神たる国民の独立自由の精神を失わせる文明化——を批判しつつ、それを国民にとっての主体的進歩たらしめる途をひたすらに追い求めた意図の歴史的意義を抹殺することはできない。国民の自然的成長を待つ余裕がなく一刻も早く無から有を生ぜしめなければならなかった焦慮——独立の危機感の切迫——のなかで、彼が努力をはらったのは、まず人民の指導者たるべき知識人の育成であり、そして民が活動し独立自尊の精神を育てることのできる場、彼の後日の概念をもってすれば、「治権」「私権」の範囲を確保することであった。もし早急にこれを実現しなければ、人民の一切の活動が官の庇護・指示なしには行なえない事態となるであろうと憂慮した。このあせりが、政府の開進政策への協力の主張となり、士族の精神の維持論となったのは、西欧的近代市民社会を上から設定しようとする矛盾的な意図にもとづくことであった。

いったい絶対主義のもとでのブルジョア的改革が成功する理論的・現実的可能性があったのだろうか。結果的にいえば、国民の私生活の自由を一切みとめぬことを立て前とする天皇制国家が確立するのを阻止できなかったし、福沢もまた客観的にはその実現に奉仕せしめられてしまった。自由民権運動の理論的指導者であった中江兆民が、「恩賜的民権」（支配者から恩恵として与えられた民権）と「恢復的民権」（人民みずからの力で獲得した民権）との区別があると説き、後者のみが真の民権だとしながらも、恩賜的の民権をえて、ただちにこれを変じて恢復的の民権としようと欲するのは、事理の順序でないとした。そしてたとえ恩賜的民権の量がどんなに少なくとも、われら人民はよく護持し珍重し、道徳の元気と学術の滋液をもって養うときは、しだいに大きくなり、恢復的民権と肩を並べるように進化するものだ、これがわが国民のとるべき現実的な進歩の道だと論じたのは、二〇（一八八七）年刊の『三酔人経綸問答』であった。上からの改革を人民の主体的努力で、人民にとって意義あらしめるように発展させるべきだとする論旨の大体は共通していた。もとより両者の間には、時点も異なるし、政治的立場も大いにちがっていたが、上からのブルジョア的改革――漸進主義の途――が福沢の頭脳の中にえがかれた幻想ないし人民を籠絡するための虚偽の言にすぎなかったのではないという証拠にはなるであろう。

漸進主義の主張が貫きうるとすれば、それは急進主義の主張に併行し、相互批判と相互協力との関係を作ることである。しかし福沢は、この時期の急進主義を代表する自由民権運動には、終始一貫つよい批判と反感をもっていた。専制政府打倒にのみ専念する自由民権派の政治意識に、藩閥政府と揆を一にする権力偏重、政治万能の志向をみとめていたからである。前記中江の著書の中でも、急進民権派の中に「好新元素」とともに「恋旧元素」の存在をみるという見解をとりあげている。後者は「自由を認めて豪縦不羈の行と為し、平等を認めて鏟刈破滅の業（乱暴に破壊する行為という意味―著者註）と為し、悲憤慷慨して自ら喜」ぶ気風であると指摘した。況んや福沢が実見して最初の印象をつくった自由民権派は、「恋旧元素」がいっそうつよい士族民権派であった。この「恋旧元素」をとりのぞく方法を、福沢は自由民権運動がいよいよ民衆の中に組織を発展し闘争を大衆的急進的たらしめることに期待せず、むしろその逆に政府の英断による立憲制の創設、それを実現するための官民の協力に求めた。権力にたいする自主の志向をもつ漸進主義は、破産の第一歩をふみ出した。それは明治政府の改革改策が、人民の進歩に意味をもつという可能性が失われてしまったことのあらわれであった。

「官民調和論」は、『時事小言』を契機に、アジアへの侵略を含意する「外競」とならんで、彼の思想の主軸となった。このことが思想構造の変化を示す指標であったと私は考える。しかしそうした主張の萌芽は、このときにはじめて生まれたのではなく、最初からあったことである。慶応二（一八六六）年刊の『西洋事情初編』には、文明の政の典型としてのイギリス立憲制を紹介し、「其政治の景況恰も精巧なる器械の如く一体の内自から調和の妙機あり、若し外より強暴を以て之を圧する歟、或は内より互に不和を生じて離散する等のことなくば、此政治は天地と共に永久すべし」と述べた（巻之三）。かくてわが国が独立を失わぬかぎり、また官と民、とくに民の指導者たる学者・士族との間の不和が生ぜぬかぎり、文明の政は、歴史法則的必然においてわが国にも実現すると判断したのである。すでに欧米諸国はブルジョア革命を経過して歳月を積んでいた。できあがったものを、どう守り伸ばしてゆくかについての「欧羅巴政学家」の説を、無から有を生ぜしめるわが国の場合の典拠とせざるをえなかった、それ以外の指針を見出すことができなかったところに、一九世紀半ばという世界史的条件が彼の思想に課した限界があった。その上に『民情一新』で見られたように、帝国主義段階前夜の資本主義の矛盾——労働者階級の成長とその革命運動の擡頭——およびその矛盾に直面して欧米強国が混迷苦悩していることを知っていた。かくて民の人権がまだ樹立されていないときに、早くも民の力が強大にすぎ、急進にすぎることを憂えることとなった。こうして改革を現実に実現するための漸進という初心の主張は、急進を回避させるための漸進という主張に変わった。

上からのブルジョア的改革論が決定的に破産するのは、下からの変革運動が国民的基盤を獲得する方向をとりはじめたことに反対する立場に立つことによってであった。「恩賜的民権」を発展させるものを、民の力に求めなくなったときである。私はその画期を一四（一八八一）年に見ることは前述した。変化の根源は、権力との関係における立場の変化である。明治政府の開明政策への協力という姿勢は、四（一八七一）年以降一貫していた。しかしそれは民の立場をきずこうとする意欲、あるいは民の指導者としてのミッドル・クラスの立場に立とうとする姿勢を保持した上でのことであった。ところが一二、一三年の権力への接近は、慶応義塾存続のためのやむをえぬ事情からとはいえ、彼がこれまで官の干渉を許さぬ私権の範囲とした学校経営と新聞発行に官の保護を求め官の依頼に応じたことであった。いわば官に協力しつつ官にたいし批判しえた唯一つの拠点を失ったことであった。民の立場をきずき民の権の領域を設定するという第一の任務を放棄したからである。

一四年の政変以後の彼の活動の舞台となった『時事新報』は、官にも偏せず民にも偏せぬ不偏不党を標榜した。しかし社説のほとんどに共通することは、自由民権運動を批判し非難することと、政府が官民調和のイニシアティブをとるべきことの説得・忠告という姿勢であった。官民調和論は、改革の前進のためのものではなく、国会開設の期日が一〇年後ときまった以上、国内政治での改革の課題はもはやなくなったという前提の上で、治安の乱れを防ぐためのものであった。

まず教育の普及、それを基盤に政治の民主化と経済の資本主義化を実現しようとする構想は崩れた。教育の発達が青少年の政治への関心の過熱をもたらすことを心配した。また彼は殖産興業の道がはなはだ遅々で、文明の学を修めた学者もこれを実地に施すことはできないと歎く。そして教育と人事は不釣合で、世間の事業に比し教育は進歩しすぎたと述べ、西洋文明の教育を受けた人物の海外輸出を奨励した（『座して窮する勿れ』一七年四月）。また貧富のへだたりの増大について、「国民の貧富懸隔して苦楽相反するの不幸あるも瞑目して之を忍び、富豪の大なる者をして益々大ならしめ、以て対外の商戦に備へて不覚を取らざるの工夫こそ今日の急務」と説いた。この『貧富論』がその結論部分にあたる節を「宗教を奨励して人の心を緩和し、教育の過度を節して空腹論者を其未だ生ぜざるに予防す可し」と題したことは、象徴的であった。「小民の軽挙を防ぐに」宗教を奨励し、「財産の安寧を維持する一法」として「人の貧富と教育の高低とを平均して貧者の教育を高尚に過ぐることなからし」めよというのである。もはや小民の知的啓蒙の意欲はまったく失われた。「教育を盛にして富源を開く可しとは、事物の因果を転倒したるものと云はざるを得ず」(『貧富知愚の説』二二年三月六・七日)。国を富強たらしめるのは、教育ではなく、海外進出なのである。このときすでに彼の思想の骨格が入れ替わっていたことは明らかである。

国権重視の思想は、すでに『文明論之概略』にあらわれていた。この書について、丸山氏は、個人間の関係でも国際社会においてもともに道理が支配しているという自然法の思想から、両者の規範の同質性を否定するレーゾン・デター(国家理性)の立場への過渡を表現していたと見た。露骨な力の国際政治論を主張した『通俗国権論』は、その量的拡大だと理解することができる。しかしなおこの時期までは、欧米諸国にたいする平等独立を意味する国家論であった。ところが『時事小言』を経て一五年一二月の『東洋政略果して如何せん』となると、西洋列強の侵略にたいしアジアを防衛する意図から、朝鮮・中国への「開化」の強制という名における侵略の主張へと急速に変わることとなった。彼は国内政治論でも政府を先導したが、それ以上に、朝鮮・中国侵略論では、政府の方針に先んじ、これを激励鼓舞した。なぜアジア政策論で、これほど侵略的であったかは、彼の思想の本質を明らかにする上で、重要な鍵を提供するものである。

福沢が朝鮮・中国侵略論において、先駆者でありえた理由を、私は次のように考える。

(1) 彼は国際情勢の認識についてきわめて敏感であった。幕末に幕府の外交機関にあり洋学者であったことが、彼をこの面での先覚者をもって自任させた。とくに一八八〇年代後半から顕著になる欧米列強の東アジア侵略の本格化および朝鮮・中国が列強対立の焦点となろうとする情勢をいち早く察知し焦慮していた。

(2) 日本の進路の範とした欧米列強の国際政治のあり方を当然視した。文明が順次段階を追って発達すると見る彼の歴史観からすれば、日本が今日文明化するためには、欧米列強の歩んだ富強の道、弱小国侵略の途を日本がたどることを疑わなかった。

(3) 幕末には、攘夷に反対し開国を主張するという政治的立場から、欧米諸国が直接わが国を侵略するという危機感の主張はおさえられた。欧米への対抗の強調が、攘夷主義＝儒教主義の復活をもたらすことを危惧したからである。維新以後の対欧米平等の主張も、もっぱら商業・貿易の戦として説かれた。

(4) 朝鮮・中国への蔑視は、儒教主義に反対し、西洋主義を主張することに関連して、当初から強かった。朝鮮・中国が儒教主義の下で停滞していると理解し、これをわが幕末の情態になぞらえることによって、両国民衆への同情と憐憫の念をもった。この憐憫の念が両国の文明化にたいする指導者的意識に転ずるのは、きわめて容易であった。

(5) 指導者的意識から、無慈悲な侵略意欲への転化に割りきることができたのは、彼の思想にもともとあった外事優先の主張と、帝国主義段階に急速に接近した世界史の動向の規制とにもとづくことであった。結局国際政治においては、理（文明）のみならず、力と利とが支配するという認識が、対アジア政策に同情は一切無用という『脱亜論』を主張せしめた。同情憐憫をいち早く卒業して指導者的意識たらしめ、それを侵略論に転化せしめたテンポの早さは、文明主義＝富強主義＝帝国主義ととらえることで、帝国主義を肯定する思想動向の特質に由来することであった。

(6) 朝鮮・中国の自主的な文明化の可能性にたいする絶望の表明は、自国の文明化の達成への自足の念と裏腹であった。国内で改革目標を喪失し、筋書を作れなくなった不満の吐け口が、朝鮮の文明化の筋書作り、役者えらびの冒険主義的行動に逸脱させた。官民調和のために必要とされた愛国心の昂揚の場は、朝鮮の支配、中国との抗争を目的として設定する他に現実にはなかった。

(7) 侵略＝強兵の主張と、文明主義・資本主義の主張とは、相互に支えあうことで積極化された。近代軍備の充実こそ、野蕃を追放するという。「鉄砲・船艦・鉄壁・雷火、百般の機械を以て人の武勇を制し、獣力の働きを逞くすることを許さず、勝敗の分るる所は機械の奇巧と其運用の妙とに在て存す」(『国を富強するは貿易を盛大にするに在り』一七年一月一六日)。またいう、西洋の文明は正に銭の世の中、政府人為の官爵のみを尊ぶ弊を打破し銭を重んずるは、殖産＝強兵のもと、「在昔日本国人が武を尚びたるが故に日本は武国と為りたり。今や国を立るには唯武の一偏に依頼す可らず、銭も亦甚だ大切なるのみか、銭即ち武の本とも云ふ可き時節なれば、此時に当ては大に銭を尚びて、日本を銭の国と為すこと最も切要なる可し」と(『日本をして銭の国たらしむるに法あり』一八年五月二一日)。

一四年以降の後期において、福沢の思想の中軸は、朝鮮・中国の侵略の実行にすえられていた。官民調和論さえ、議会開設後その自信が失われるに従って、軸心たる位置から退きつつあった。私は彼の日清戦争讃美をもって、その思想の意義がまったく失われたと考えることは公正ではないのかもしれないとのべた。たしかに個別の論点では、晩年にいたるまで健在を思わしめるものがあった。しかし彼のもろもろの主張の究極目標、思想の中軸たるべき課題の実現が日清戦争の勝利によって成功したと宣言した以上、思想総体のもつ批判の力、すなわち思想の存在理由が失われたと、やはり見るほかはない。福沢の思想がもった歴史的使命は、日清戦争をもって終わったのである。

竹越三叉（与三郎）の『新日本史』（二五年）は、思想界の福沢の出現について、「凡そ数百年来抑圧拘制せられたる人心を解放して、自由ならしめんには必らず先づ現在の事物を疑ひ現在の秩序を破壊せざるべからず。懐疑家が飛揚跋扈するの時代は実に此にあり。而して当時の福沢は実に此破壊家なりき。（中略）福沢等の議論出るや、一片社会的新革命の大宣言となり、時世一変の端此に開けり」と、その思想の変革性に最大の評価をあたえた。これと異なる評価を下したのは、国民主義を主張した陸羯南である。すなわち維新以来の政治思想の動向を分析した『近時政論考』（明治二四年刊）で、福沢を、「士族の世禄を排斥し、工農の権利を主張し、君臣の関係を駁し、四民の平等を唱へ、主として経済上の進歩を急務とした」国富論派の中心と規定した。私が注目したいのは、「社交上の論旨」では、利己主義・自由主義・男女同権論を唱え、「此等の点に付ては福沢氏一派の論者実に最も急激なる革新論者たり。然れども、政治上に於ては夫の国権論派に比すれば、却て保守主義に傾きたるも亦奇ならずや」と論述したことである。国権論派とは、加藤弘之・箕作麟祥・津田真道らをさすので、加藤らに比して福沢が保守主義だという評価には賛成できないが、社会関係についての論旨の革新的なるに比較し、政治上は保守的であったという指摘は、福沢の思想の特色の一面をよくついた言であった。

『文明論之概略』とそれ以前の初期の著作に、彼の思想の本領があると見るものは、竹越の評のように、封建制批判の役割に大きな評価をあたえるのである。これにたいし、その後の時期の言論活動に注意をはらうものは、陸の指摘のように、保守的な立場と評価し、その革新性を否定するのである。この二つの見解は、ともにあたっている。しかし福沢の著作が、今日国民の貴重な古典として生命をもっていることの理由は、そうした評価だけからは解きあかすことはできない。

明治維新が実現した政治改革とそれを土台とする近代化とが、天皇制絶対主義の確立および日本帝国主義の形成に帰着したのは、帝国主義段階前夜の世界史的条件に規制されてのことであった。福沢も結局はその枠組からのがれることはできなかった。しかしそれに安んじていたのではなかった。その枠組をひろげるべく努力し、異なる歴史発展の可能性を作りだすべく模索し苦闘したのが、福沢の思想の歴史的意義であった。その前進的役割は、明治八、九年までのわずか数年間の薄命でしかなく、あとの二十数年間は、挫折し後退する過程であった。しかも初期の奮闘のみならず、後期の敗退の歩みさえも、七〇年後の私たちの胸をうつ何物かを含んでいるとすれば、彼の構築した民主主義・自由主義の思想と民族独立の思想とが、今日なお国民にとっての意義を失っていないこと、なかんずくその思想が日本の現実の土壌の上に育ち発展することをさまたげた内外条件、すなわち天皇制と帝国主義の問題が、解決ずみの過去のものとなってしまっているのではないことによるのである。

福沢の著作を今日もなお生命あらしめたものは、天皇制と帝国主義とにたいする国民の自覚であったと、私は考える。彼は近代民主主義者ではなかった。アジアの諸民族の平等と独立との主張者ではなかった。この点の指摘をあいまいにすることはできない。しかし彼の著作は、本人の意図をこえた役割を、当時にあっても、後代にたいしてもはたした。それは、第一には、彼の思想総体がもつ役割は後退しながらも、独立自尊の主張、官尊民卑の批判、学問・教育の独立の提唱をうむことなくくりかえしたねばり強さ、敗退しつつふみとどまり、ふみとどまることで初志の面目をよみがえらせた奮闘によることである。第二には、その自由・平等・独立を説く言論の実質的内容がいかに改革性を失ったものとなろうとも、自由・平等の言葉を口にし、官尊を非難する文字を書くことだけで、体制にたいし批判的な響きをもったという、天皇制の根ぶかく反動的な体質によることであった。政治性のもっともうすい男尊女卑批判も、天皇制秩序にとって危険な要素をもつものとして、権力側からは受けとられたのである。陸の福沢観に即していえば、政治上に保守的でありながら、社交上で改革者であることによって、彼の発言は、彼の主観的意図をこえて、政治的にも改革的なものとしての役割を担わせられたといえよう。そしてこのことが、晩年にいたるまで彼を激励して、批判者・改革者の姿勢をいくたびか立ちなおらせる力となったのである。

国民もまた彼の著作から、生かすべき思想を汲みとった。彼の論述の特徴は、二様の読み方ができることであった。どちらの読み方をどこまで発展できたかは、国民の権力批判の自覚によってきまることであった。福沢の在生中に出た最初の全集に次ぐ第二回の全集が、第二次憲政擁護運動が勝利し、はじめての本格的な政党内閣が成立した翌年の大正一四（一九二五）年に刊行されたこと、その編修の責任にあたった『時事新報』の主筆石河幹明をはじめ慶応義塾出の新聞人が、大正元（一九一二）年の第一次憲政擁護運動の推進力の一つである憲政擁護会の中心メンバーであったということは、福沢の思想と国民との関係を語る象徴的な事実であった。福沢の思想は、大正デモクラシー運動の中で、国民によって読みかえされた。そしてまた昭和のファシズムにたいする抵抗の中で、生きかえらされてきたのであった。福沢の著作を国民の古典たらしめたものは、自由・平等・独立への国民の自覚にもとづく読みかえ、彼の実体をこえた読みこみの力であったと、私は結論したいのである。

（昭和四五刊『福沢諭吉』Ⅷ）

補注

＊1　松菊　木戸孝允（一八三三―七七）の号。木戸に関して、福沢は、「回顧すれば明治六年頃、政府に征韓の議論ありて是非紛々たる其際に（中略）政府部内に不和を生ずるの勢を呈せしかば、当時（岩倉）大使と共に帰朝したる故木戸内閣顧問は痛く其不和を憂へて一書を政府諸公に示し、今の世界は弱肉強食、国内の人心調和せざれば徒に他の覬覦を招きて自から亡国の端を開く可し云々とて、彼の波蘭《ぽーらんど》亡国の事を引て国内調和の大切なるを説きたる其の一片憂国の心は、当時不幸にして貫徹せざりしが如くなれども、顧問が社稷の臣として国に致すの忠誠は皇天后土の照臨する所、万古人心を感起せしめたり」（「山県伯の帰朝」明治二二）というような評価をしている。

＊2　甲東　大久保利通（一八三〇―七八）の号。「明治の初年麻布鳥井坂か長坂辺に住居の鮫島尚信氏より招待に預り推参したれば、大久保内務卿と相客にて主客三人食後の話しに、大久保氏の云ふに、天下流行の民権論も宜し、左れども人民が政府に向て権利を争へば又之に伴ふ義務もなかる可らず云々と述べしは、暗に余を目して民権論者の首魁と認めたるものの如し。云々」（「福沢全集緒言」明治三〇）という記事はよく知られている。

＊3　井上哲次郎君　井上哲次郎（一八五五―一九四四）は東京帝国大学教授、哲学会会長として明治・大正・昭和を通じての日本哲学界の大御所的存在。井上によって日本の哲学界の関心が英仏流の実証主義からドイツ観念論に向けられることになった。また「勅語衍義」（一八九一）「倫理と宗教との関係」（一九〇二）「国民道徳概論」（一九一二）などによって、日本哲学の国権主義的傾向を確立した。高橋五郎（一八五六―一九三五）は明治のキリスト教的批評家で、「教育と宗教の衝突」事件に際して「国民之友」に「偽哲学者の大僻論」を発表して井上哲次郎を攻撃した。

＊4　岸田吟香氏　岸田吟香（一八三三―一九〇五）は日本の新聞事業の先駆者で、一八六四（元治元）年にわが国新聞の鼻祖ともいうべき「海外新聞」を発刊し、ついで六八年に横浜新報「もしほ草」を創刊し、七二（明治五）年には「東京日日新聞」の記者となった。

＊5　翁は時事新報を起すの前　「時事新報」の創刊は一八八二（明治一五）年である。

＊6　羯南　羯南陸《くが》実（一八五七―一九〇七）は、一八八八（明治二一）年太政官書記局官吏を退いて新聞「東京電報」社長となり、翌年同紙廃刊のあとをうけて新聞「日本」を創刊した。羯南は福沢を十分に理解できなかったが、しかし「彼はこの思想上の敵対者に敬意をもちつづけたばかりでなく、福沢を理解しようとする姿勢を失っていない」（植手通有「陸羯南と福沢諭吉」昭和四五）。

＊7　碌堂　明治期の新聞人朝比奈知泉（一八六二―一九三九）のこと。伊藤博文の腹心であった伊東巳代治が「東京日日新聞」を経営するようになって以後同紙に論説を発表し、のちに主筆

となった。藩閥側の代弁者として活躍し、在野派の「日本」の陸羯南としばしば論戦した。

*8 『日々』の如き、云々　「東京日日新聞」は一八七二（明治五）年創刊。七四年に福地源一郎が入社して活躍し、新聞一般の地位を高めるのに貢献したが、八一（明治一四）年以後は長閥系の御用新聞となり、九一年には伊東巳代治の手に移って、知泉が主筆となった。「日本」は一八八九（明治二二）年創刊。社長兼主筆の陸羯南が鋭い論陣をはり、大隈系の矢野文雄や伊藤系の知泉を屈服せしめ、幾度か発行停止を命ぜられた。「毎日新聞」は一八七〇（明治三）年「横浜毎日新聞」として創刊（最初の日刊紙）。七九年沼間守一が社長となり、「東京横浜毎日新聞」と改題、改進党を支持して帝政党系の「東京日日新聞」と主権論を闘わせた。八六年「毎日新聞」と改め、九〇年の沼間の死後、肥塚竜・島田三郎が相次いで社長になり、石川半山・木下尚江が入社して廃娼問題・鉱毒問題などを扱い有名となった。「国民新聞」は一八九〇（明治二三）年に徳富蘇峰が発行した日刊紙。一八九四（明治二七）年の日清戦争までは急進的な新聞として歓迎されたが、蘇峰の海外膨張論の唱道とともに声価をおとした。

*9 三百四万冊　三百四十万冊の書き誤りであろう。

*10 就任せられざりしため、云々　これは「記憶」ちがい。福沢は東京府会議員に一旦就任し、その後辞職したのである。

*11 明治三十四年頃の慶応義塾学報　明治三四年五月発行の『慶応義塾学報』四〇号。

*12 木村芥舟翁　木村芥舟（一八三〇―一九〇一）は、一八五九年軍艦奉行に昇進し、翌六〇（万延元）年に遣米使節新見正興らの乗艦した米艦ポーハタン号の随伴艦たる幕艦咸臨丸（艦

長勝海舟）の司令官として太平洋を往復した。これに福沢は芥舟の従僕として同船した。

＊13　荻生徂徠（抄）　徂徠と紀伊藩士津田出との関連を論じた後半を省略し、サブ・タイトルを削除した。

＊14　福沢全集巻一、緒言、六―八　現在の『福沢諭吉全集』（昭和三三年初版）では第一巻六―七頁。

＊15　ウエェランドの経済書　Francis Wayland, *The Elements of Political Economy*, 1st. ed. 1837. 本書所収の小泉信三「福沢の歴史観」を参照。

著者略歴

山路《やまじ》愛山《あいざん》（一八六四―一九一七）

江戸浅草に生れる。本名は弥吉。幕府天文方の家の長男として、維新後の変動で青少年期を貧苦のなかにすごした。キリスト教に入信し、東洋英和学校卒業後、静岡で伝道師を三年間つとめた。「女学雑誌」への投稿をもって文筆活動を開始し、「国民新聞」記者、「護教」主筆、毛利家の「防長回天史」編集主任をつとめ、一八九八（明治三一）年には「信濃毎日新聞」に招かれて主筆として活躍し、一九〇三年から雑誌「独立評論」を刊行した。反藩閥に徹し、その史論はアカデミズム史学に対立した。評伝など傑作が多い。
〈主著〉「基督教評論」「現代金権史」「足利尊氏」「荻生徂徠」

鳥谷部《とやべ》春汀《しゅんてい》（一八六五―一九〇八）

青森県に生れる。本名は銑太郎。一八九一（明治二四）年東京専門学校（現在の早稲田大学）卒業後毎日新聞社に入り社説を執筆。九四年同社を退き、雑誌「精神」（のちの「明治評論」）の経営にあたる。人物評論に才筆を揮った。
〈主著〉「春汀全集」

植村正久《うえむらまさひさ》（一八五七—一九二五）
一五〇〇石の旗本の長男として江戸に生れる。横浜修文館、ブラウン英語塾で学び、一生を伝道に捧げることを決意する。一八八〇（明治一三）年小崎弘道・田村直臣とともに「六合雑誌」を刊行し、キリスト教の立場から活発な評論活動を展開した。九〇年「福音新報」を創刊。のち東京神学社を興して伝道者養成につとめた。
〈主著〉「植村全集」

鎌田《かまた》栄吉《えいきち》（一八五七—一九三四）
和歌山に生れる。一八七五（明治八）年慶応義塾を卒業。鹿児島造士館教頭、内務省御用係、大分中学校兼師範学校長、衆議院議員を経て、一八九八（明治三一）年慶応義塾長となる。のち文相、日本教育会会長、枢密顧問官などをつとめる。
〈主著〉「鎌田栄吉全集」

白柳《しらやなぎ》秀湖《しゅうこ》（一八八四—一九五〇）
静岡県に生れる。一九〇七（明治四〇）年早稲田大学哲学科卒業。在学中から幸徳秋水・堺利彦・木下尚江らの影響をうけ、平民社発行の「社会主義研究」に執筆寄稿した。社会講談を提唱して自ら講談をつくり、徹底したリアリズムによって古典的史学に対立し「街の歴史家」を自任した。

〈主著〉「社会講談選集」「財界太平記」「現代財閥罪悪史」「民族日本歴史」

田中王堂《たなかおうどう》（一八六七―一九三二）

武蔵入間郡富岡に生れる。本名は喜一。シカゴ大学を卒業後、東京高等工業学校、早稲田大学、立教大学に教鞭をとる。明治四〇年ごろ文壇に自然主義が勃興すると、これに対する評論を発表し、以後哲学的評論家として活躍した。

〈主著〉「書斎より街頭に」「哲人主義」「解放の信条」「吾が非哲学」

羽仁五郎《はにごろう》（一九〇一―八三）

群馬県桐生市に生れる。一九二一（大正一〇）年東大法学部入学、同年渡欧してハイデルベルグ大学などで哲学・歴史学・経済学を学び、帰国後は東大国史科で日本近代史を研究した。卒業後東大史料編纂所嘱託、日大教授、自由学園教授をつとめる。昭和初年から同一二年まで「日本資本主義発達史講座」の編集・執筆に携り、また名著「ミケルアンヂェロ」などを発表し、学問・教育の独立に献身した。戦後は歴史学研究会、日本文化をまもる会などに所属。進歩的評論家として異彩を放った。

〈主著〉「明治維新史研究」「羽仁五郎歴史論著作集」

丸山眞男《まるやままさお》（一九一四―一九六）
大阪に生れる。一九三七（昭和一二）年東大法学部卒業。一九五〇―七一年東大教授。戦争中ファシズムの嵐のなかで、徂徠を中心として封建的世界像の内的崩壊過程を分析し、日本近代化の解明につとめた。終戦直後に「超国家主義の論理と心理」「科学としての政治学」などを発表、その巨大な衝撃は学界の動向に決定的な影響をあたえた。以後思想史的分析にもとづくすぐれて現在的意義のある研究を発表し、また種々の文化団体のメンバーとして活躍した。戦後日本の知的リーダーの一人。
〈主著〉「日本政治思想史研究」「現代政治の思想と行動」「日本の思想」「「丸山眞男集」」

小泉信三《こいずみしんぞう》（一八八八―一九六六）
東京に生れる。一九一〇（明治四三）年慶応義塾大学政治科卒業。ヨーロッパに留学して帰国後慶大教授となり、一九三三―四七年塾長兼総長をつとめた。
〈主著〉「小泉信三全集」

鹿野政直《かのまさなお》（一九三一―）
大阪に生れる。一九五三（昭和二八）年早稲田大学文学部卒業。一九七〇―九九年同大学教授。近代日本思想史の多方面にわたって活発な研究をおこなっている。
〈主著〉「日本近代思想の形成」「資本主義形成期の秩序意識」「「鹿野政直思想史論集」」

加藤周一《かとうしゅういち》（一九一九―［二〇〇八］）

東京に生れる。一九四三（昭和一八）年東大医学部卒業。医学の研究に従事する一方、四七年中村真一郎・福永武彦とともに「一九四六・文学的考察」を発表して文壇に登場。以後フランス文学に対する深い造詣を基礎に小説、文芸評論、芸術論に活躍し、レジスタンス文学の紹介にもつとめた。「近代文学」「方舟」同人。さらに豊富な海外体験を背景に広く社会評論、文明論に、明晰な論理にもとづく鋭い発言をおこなっ［た］。日本文学史・思想史にも卓抜な意見をもつ。

〈主著〉「抵抗の文学」「現代ョーロッパの精神」「雑種文化」［「加藤周一著作集」］

遠山茂樹《とおやましげき》（一九一四―［二〇一一］）

東京に生れる。一九三八（昭和一三）年東大卒業後四二年まで文部省維新史料編纂所勤務。一九五八―七九年横浜市立大学教授。歴史学研究会に所属。「明治維新」（昭和二五）は戦後の維新史研究に大きな影響をあたえた。明治維新および自由民権運動に関し、主として政治史および思想史的見地からの研究をおこなっ［た］。

〈主著〉「明治維新」「戦後の歴史学と歴史意識」「福沢諭吉」［「遠山茂樹著作集」］

解　説

市村弘正

1

今日福沢諭吉はどのようにうけとられているのであろうか。そもそも福沢の名を知らぬ者はおそらくほとんどいない今日、福沢はどれだけ読まれているのであろうか。たしかに「人気投票」においては福沢はつねに上位を占めてきた。生前においてそうであったし、現在においてもそうである。(註)この福沢の「人気」はいったい何を意味しているのであろうか。

生前すでに、「翁は敵人に誤解せられ、味方に了解せられず」(徳富蘇峰)とされた福沢は、現在に至ってもなお、「ある意味では明治期の思想家のなかで今日彼ほどかつがれながら彼ほど理解されなかった、したがって本当の意味では私達の思想に影響を与えていない人は少いような気がします」（丸山眞男）と評されている。

このような事態をうむゆえんはどこにあったのであろうか。福沢をめぐるこの「人気」ないし圧倒的な知名度と「誤解」どころかほとんどマトモに読まれていない状態とのコントラストの意味を考えるために、福沢解釈の「変転」を粗描するのがこの「解説」のねらいである。

註　たとえば明治一八年五月二〇日の『今日新聞』の「現今日本十傑」では、「著述家福沢諭吉」が二位の「新聞記者福地源一郎」三位「政治家伊藤博文」ほかを圧倒して第一位であり、明治三二年六月発行の雑誌『太陽』臨時増刊号の「明治十二傑」には、「教育家福沢諭吉」として「政治家伊藤博文」「文学者加藤弘之」などとともに選ばれている（いずれも宮武外骨編『明治史料』第一篇所載）。

そして昭和四七（一九七二）年六月二三日号の『週刊朝日』の「読者が選ぶ日本の五〇傑」には、福沢が聖徳太子や親鸞・織田信長などを圧して第一位になっている。

福沢の「解釈」史をたどるためには、何よりもまず福沢が生きた時代に、彼が同時代人たちによっていかに捉えられ、どのような福沢像が定着せしめられていったかが明らかにされなければならないであろう。

すでに明治一〇年代に、慶応義塾維持資金借入れ問題、東京府会議員としての態度、華族社会の体質改善策、通貨論・鉄道論論争、民権運動に対する姿勢などをめぐって、福沢に対するジャーナリズムなどの批判が活発になされたが（伊藤正雄『福沢諭吉論考』昭和四四）、まとまった福沢批判として、生前の明治三三年六月に焉用氏なる著者（渡辺修二郎か）の『学商福沢諭吉』が刊行されている。この書の論点はおよそ六つほどにまとめられるが、ここには当時の福沢批判のパターンがほとんど出そろっているといってよい。

論点の第一。福沢が「富尊貧卑」を信仰する「純然たる物質論者《マテリアリスト》」であり、それの抱懐する「拝金主義《マンモニズム》」によって「学商」とよばるべきものであること。その二。福沢は文明化を「西洋風・欧米流と同一意義に解する」ものであり、その所論は「西洋癖」にもとづくJ・S・ミルなどの著書の「盲読」によるものであって何らオリジナルなものではないこと。その三。福沢の「独立自尊」は、自己一身の独立を重視するあまり極端化し、「孤立独尊」に陥り或いは「放縦」に近いものとなり、「国家に対し社会に対するの義務は之を軽視するが如し」であること。その四。福沢の主張は状況とともに変転して極りなく、「其主義の猫眼的変化」に至っては「定説なし」と判断せざるをえず、「自家撞着自語相違」に満ちた「衒学的臆断家」ともいうべきものであること。その五。例えば「政府は何にても可なり」というような発言にみられる福沢の政治に対する「冷淡主義」が、旧幕府打倒の先鋒にもならず、新政府の「腐敗を見て、而かも打破論を唱へざるのみならず、却て附和追従す」るような保守的態度を生んでいること。その六。福沢が「立国の大本として」歴史を研究したことがないこと。こう論じた上で、著者は、「(福沢)氏の時代は既に去れり」と結論したのである。

福沢の生前、既に「福沢の時代は終った」と結論されていることは記憶されてよい。しかも「焉用氏」は決して例外ではない。すでに明治一〇年代の雑誌にも、「民間の信用、ぺら(紙幣)より薄き福沢僧正」とか「翁今尚ほ天上天下唯我独尊を以て気取ると雖も、最早改進自由の民を説法するの力なく、良しや説法するも、亦た決して一人の信ずる者あるなし」(原文カタカナ)といった評言がなされており、さらに例えば、「福沢氏の功労は已に足れり。而して其時代は将に過ぎ去り行かんとす」(『三籟』八号。明治二六)「福沢流の思想は既に今は旧思想となつて、其利用将に尽きんとして弊害を生じて居るのであるから、更に新思想で開拓して行かなければならぬ」(島田三郎「福沢諭吉翁」明治三二)「雪池(諭吉)の如きは竟にこれ前世紀のハイカラ党乎」(大町桂月「福沢氏の瘠我慢説」明治三四)など、いずれも「福沢の時代は終った」と判定されている。

このように「福沢は終った」(福沢への好意的ないし「顕彰」的態度も含めて)とされるとき、一体何をもって「福沢」を終らしめたのであろうか、あるいは「福沢」の何が終ったとされたのであろうか。このことを明らかにするために(すなわち同時代人にとっての「福沢」を明らかにするために)、それぞれの論点を少しく検討しなければならない。

第一に、福沢が「物質論者」であり、往々にして「拝金主義」的傾向をもつものであって、いうところの「文明」なるものも結局西洋の物質的文明の移入にすぎないとする見解であって、これは程度の差こそあれ、同時代人の多くに支配的な福沢観であった。

福沢を「物質的知識の教育」者、「欧米文明の初等教育を授けたるもの」とする徳富蘇峰をはじめとして、「物質的文明の主張者」「浅近なる実利的論派」（陸羯南）「翁の思想は曖昧なる物質主義にして、浅薄なる快楽主義のみ」（木下尚江）「彼の改革は寧ろ外部の改革にして、国民の理想を嚮導したるものにあらず」（北村透谷）「権力に対して瘠我慢を張るべきを思ひ、金力に対して之を思はず、独立自尊も大阪流」（三宅雪嶺）等々、福沢の内に「物質文明」主義をよみとる傾向が強かった。そして、このような「福沢」に対しては、例えば蘇峰の「福沢」が「精神的道徳の教育」者新島襄と対比されていることにうかがえるように、キリスト教徒の側から最も激しい反発を招いたことはいわば当然であった。周知のようにそのチャンピオンは内村鑑三であり、彼によって、「利慾を学理的に伝播せし者は福沢翁なり」「彼に依りて拝金宗は恥かしからざる宗教となれり」「福沢翁の流布せし害毒に至りては、精神的大革命を施んに非ずんば、日本人の心底より排除し能ざらむ」といった痛罵がなげつけられ「拝金宗」のレッテルが貼りつけられたのである。

「欧米文明の一手販売者」を自他ともに許した福沢は、このように「物質文明」主義とみなされることによって、「西欧学者の糟粕を嘗むるの徒」といった批判にしばしば曝されたのである（朝野新聞「人物評論」）。「其の自卑自賤、一に外来の勢力を崇拝する口気は、慥《たしか》に一部の論者が亡国論の痛罵を価するものなり」（高山樗牛「福沢諭吉氏」明治三〇）という非難は、けっして日本主義の立場にたつ故の例外ではなかった。

物質文明主義者ないし欧化主義者としての福沢像は、彼の「独立自尊」的精神態度をめぐる諸説をみることによって一層はっきりするであろう。すなわち福沢の「独立自尊」に対してむけられた疑義は、「服従なき独立自尊は、之を下層に伝播すれば破壊的運動とならざるやも亦保し難し」（井上哲次郎）「其の個人主義の極めて極端にして幼稚なる、十八世紀の自然主義を反覆して、而して自主独立と称する」（高山樗牛）「国家よりも、皇室よりも、黄金が重く、大義名分よりも、一身の休戚が大切なりとするの徒」（大町桂月）といった国家主義的な立場からの批判のみでなく、「一に重きを個人の独立自尊に置きて、社会に対する平等調和及び公義公徳を訓誨するに至つては、頗る冷淡に過ぐるを覚ふ」（幸徳秋水「修身要領を読む」明治三三）という社会主義者の見解も、いずれもそれを功利主義的個人主義あるいは個人的エゴイズムとして捉えており、西洋流の物質文明主義者福沢像の根強さが窺われるのである。

そして、ここで確認できることは、「福沢は終った」という評価の一つの根拠が、例えば秋水がいうように、「今日の憂ひは実に個人主義の弊毒其極点に達せるに在り。利己主義の盛んなるに在り。自由競争あつて平等調和なきに在り」という社会的状態において福沢のような

「個人的独立自尊」を説くことの現実的意義如何という文脈にあることである。すなわち、功利主義的個人主義者・物質文明主義者として把えられた「福沢」は、「個人主義」が「弊害」をあたえるほどになった社会状態においてはもはや何の存在理由もなく、ある雑誌が評したように、その自由独立の主張など「徳川時代の圧制の夢未だ醒め」ざる「時代おくれ」にすぎないのである。「翁の言ふ所は畢竟下等の常識のみ」（木下尚江）となった。

しかし、これは福沢のあまりにも皮相な一面化というべきものであった。

福沢の「文明」の観念を考えるときには、何よりもまず「有形の文明」と「無形の文明」（すなわち「文明の精神」）の区別という彼の基礎的な範疇にもとづいて、それが「人民の気風」として把えられていることを理解しなければならない。

福沢にとっては、文明とは何よりも文明の「精神」の問題であり、しかもそれは個体発生の問題ではなくて「一国人民の気風」のあり方として考えられているのである（文明論が「衆心発達論」とされる所以である）。

福沢によれば、「気風」のあり方は政府の専制度と相関関係にあるものであり（「愚民の上に苛き政府あり」）、しかもそれが個人の素質やたんなる心構えの問題でないとすれば、文明化すなわち「人心の改革」のための社会的条件が考えられねばならない。ここから社会における反対力の必要性、すなわち対抗力の存在によって不断に社会の力学的なバランスをとり(「力の平均」説)、その社会的諸力の相互作用のうちに社会の活力を確保するという構想が導かれる。

福沢が、或いは固定的で閉鎖的な社会関係に生じる思惟の凝集化傾向(「惑溺」)を拒絶し社会的分化(differentiation)に着目するのも、或いは価値の多元的分散にもとづく抑制均衡の体系としての「西洋文明」に対比して「日本文明」における「権力の偏重」という傾向性を問題にするのも、「習慣」のあり方を重視して社会体質を問題にするのも(「衆智者結合の変性」)、いずれも文明を「人民の気風」において把え、社会的な「関係」のあり方に着目する観点によるのである。

福沢にとって「多事争論」「心事繁多」的社会関係こそ文明化への基礎であった。「文明を進るの要は、勉めて人事を忙はしくして需用を繁多ならしめ、事物の軽重大小を問はず、多々益これを採用して益精神の働を活発ならしむるに在り」。「権力の偏重」的社会関係から社会的諸価値の多元的分化へのたえざる発展において、「精神」の独立をはかっていくことのうちに「文明」が考えられたのである。そして、人民の「気風」がそのような社会関係の中でダイナミックに展開していくこと、そのような状況の流動性に対して「智」が不断に活動していくこと、それを彼は「進歩」と考えた。この意味で、「先生の一生は処士横議の弁護なり」という植村正久の指摘(「福沢先生を弔す」本書収録)は、福沢精神の核心を的確にとらえたものといえる。

社会的に必要な反対力には、特定の場面における「抵抗」(「日本国民抵抗の精神」)も含まれるが、そのような社会的諸価値=諸力の不断のバランスィングの内に精神の主体的「独立」が可能になり、「自由」もまた可能になるのである(「自由の気風は唯多事争論の間に在て存するもの」)。そして政府(の専制化)と人民の「気風」の対抗関係という福沢の命題から、彼における政府(政治)観(best politics の拒否)と市民的価値の重視(「私立の地位」)とが示唆されよう。

すなわち、人民の「気風」として問題にされた福沢の「文明」は、「私立」―「抵抗」(社会的反対力)―「独立」という関連において考えられたのである。福沢が「何処までも『平民』として世に立てること」「己の生涯を以て平民主義を解釈した」ことの意味はここにあった(山路愛山「明治文学史」本書収録)。

文明(の精神)は、まさにこのような活発化した社会的諸関係を貫く普遍的な原理であった。福沢において、日常の具体的な「経験」を特定のコンテキストにおいて考え判断することが必要とされたが(「学問」のすすめ!」)、そこでの選択の基準となり方向づけの基準となるものが、内在的にして普遍的な価値としての「文明」の原理である。「文明」原理にもとづく社会的文脈の特定化によってはじめて個々の「経験」は方向性を与えられ価値づけられるのである。

逆にあらゆる事物はそれに固着した絶対的な価値をもちえず、一定の実践的目的をもった現実の具体的状況において機能的に評価される（「事物の得失便不便を論ずるとは、其事物の行はる可き時節と場所とを察すると云ふに異ならず」）。

福沢の「功利主義」という問題も、彼が問いつづける功用性の観点が、「文明」の精神にもとづくコンテキスチュアルな選別能力を前提するものであることが理解されねばならない。そして又この機能的思考は、あらゆる人間関係・社会関係に内在しつつ、時空を超えて妥当する（「片時も動かざることなし」）「文明」の原理との内面的連関をもつが故に相対主義に陥ることを免れるのである。

このように福沢が文明を何よりも「文明の精神」（「人心」）として考えるとき、そこには歴史的現実への鋭い認識があった。いうまでもなく明治前期の最大の課題は、国家的独立を基礎づける「国民」の創出にあったが、日本社会のうちに「権力の偏重」という体質を看破し、「日本には政府ありてネーションなし」と断じた福沢は、それを「人民の気風」との連関において把握し、社会的な価値体系の転換を問題にしたのである。たとえば彼が熱心に「演説」の訓練を奨励したのも、「世俗通用の俗文を以て世俗を文明に導く」という「決心」のもとに「文体」の改造に苦心したのも、いずれも「民人の Taste 未だ文化の域を窺ひたることなし」

（明治二年の書簡）という歴史的現実に対して新たな人間類型をつくるための「民心の改革」を意図したものであった。(註) このような問題関連は多かれ少なかれ他の人々にも意識されていたが（例えば中村正直「人民の性質を改造する説」、西周「国民気風論」など）、福沢はそれをもっとも根底的に、しかも現実との鋭い緊張のうちに捉えたといってよいであろう。国家の対外的独立という緊迫した課題に対して「一身独立」の意義を強調し、他方「一国独立」を無視する主張を「結構人の議論」と退けながら、しかもそれをエゴイズムの自覚の上に論じていること（「報国心と偏頗心とは名を異にして実を同ふするもの」）はそれを示している。この意味で、福沢を「正しく一個の愛国者」となし、ただ「コンヴェンショナルの愛国者」でなかっただけであるという竹越三叉の評は首肯しうる（「予の知れる福沢先生」明治四〇）。

したがって、福沢にとって「西洋文明」も「文明」―「自国の独立」という関連においてとらえられており、国家の対外的独立という「目的に達するの術」として限定され、さらに彼の野蛮―半開―文明という移行する発展段階において「今の世界の人智」のレヴェルでの「文明」として相対化された上で、コンテキストの特定化の最高の基準として設定されるのである。「文明には限なきものにて、今の西洋諸国を以て満足す可きに非ざるなり」という「文明」の普遍性の観点が貫かれるのである。

註　これに関連して、生前から現在まで（例えば武田清子「福沢諭吉の人間観」昭和三三）キリスト者によって非難されてきた福沢の宗教観については、同様に「英雄崇拝」「宗教」「哲学」を「教へざる」福沢を批判した山路愛山の、「彼（福沢）は常に地上を歩めり、彼れは常に尋常人の行く所を行けり。彼は常に平直なる日本人民の模範を作らんとなしつつあり」という含蓄ある指摘をあげるにとどめる。

むろん福沢を「西洋文明」と結びつけて考えるのは決して誤りではない。それどころか彼は「西洋文明」を「敬慕」することにかけては人後におちない「洋学者」であった。しかし、「西洋文明」が福沢の思想の全体的な脈絡の中でいかなる位置を占め、彼にとって何であったかを十分に解明することなく、西洋文明主義者福沢と定式化することの一面性は大きな問題をはらんでいる。

「片時も動かざることな」き普遍的原理としての「文明」にもとづいて国家独立という緊急課題をも「偏頗心」にもとづくものとした福沢の限定のきいた精神は「西洋文明」観をも貫かずにはおかない。

福沢にとって、「敬慕」の対象は西洋文明における「文明の精神」であり、しかしそれは西洋列強の現状へのリアルな認識を曇らせるものではなく、逆に「現状」の認識、従ってそこに生じる「対決」「独立」の意識は、西洋文明の内に確認しうる普遍的な価値原理としての「文明」への敬意を阻むものではない。福沢において「西洋文明」に対する尊敬と対決とは精神のレヴェルを異にするものであり（「権義」と「有様」の区別）、精神のうちにそれぞれを内的緊張をもって両立させる、このような「次元的思考」によって貫かれている（藤田省三『維新の精神』昭和四二）が故に、福沢にとっての「西洋文明」は排外とも拝外とも無縁なものであった。

このような福沢の「思考」は（それは基本的には、「人は大抵一つの仕事を始めるとそれが為に全心を奪はれて他の事を考へる余裕のないものだが、先生はこれはこれ、あれはあれと幾つでも平気に同時に考を分けられた」（主治医松山棟庵の談話）という福沢の思考のコンパートメントな性格にもとづくものであったろう）、「西洋文明」との全面的接触という未曾有の「経験」に対する彼の「精神態度」によって支えられていた。この「始造」とよぶべきほどの体験に対して、福沢は日本人には「偶然の僥倖」があるという。それは、「直に自己の経験を以て之を西洋の文明に照らすの便利」であって、この「実験」にたいする精神態度を次のように強調した。

「恰も一身にして二生を経るが如く一人にして両身あるが如し。二生相比し両身相較し、其前生前身に得たるものを以て之を今生今身に得たる西洋の文明に照らして、其形影の互に反射するを見ば果して何の観を為す可きや。其議論必ず確実ならざるを得ざるなり」（『文明論之概略』「緒言」）。

社会的価値体系の転換（「人心改革」）と国家の対外的独立（「我邦のナショナリチを保護するの赤心」）との現実的緊張、すなわち例えば有名な明治七年の馬場辰猪宛書簡にいうごとく、「内を先にすれば外の間に合はず、外に立向はんとすれば内のヤクザが袖を引」くというディレンマに対して福沢が懸命に保ちつづけた「次元的思考」は、このような「精神」によって支えられていたのである（『概略』は「緒言」も熟読されねばならない）。このような精神態度が「西洋癖」などと無縁なことはいうまでもない。

以上のように物質文明主義者・功利主義的個人主義者福沢という像が皮相な一面化であったとすれば、そのような「福沢」を生んだ一つの要因は、福沢の思惟様式をいかに理解したかということにあったように思われる。福沢の状況とともに推移する思考の性格については、『学商』の著者も着目しているが、そこではそれは「定説な」き「主義の猫眼的変化」として片づけられ、それ以上の討究はなされていない。

蘇峰や愛山は、さすがにこのレヴェルにとどまらず、それぞれ、「能く世と推し移り、物に凝滞せざるは君が本領にして、君が感化を天下に及ぼしたるは亦た此に存す」と福沢に「『コンモンセンス』の主義」を認め（蘇峰）、「先生の一事を論ずる毎に、其心は常に他事にあり。

事物の両端を見て、其精神を一面に集注する能はず」という特性を鋭くとらえている（愛山）。これをジャーナリストの特性として捉えたのが鳥谷部春汀（「新聞記者としての福沢諭吉翁」本書収録）であり、福沢の内に、「独立の見識」と「コンモンセンス」「概括の力」「変通の才」を読みとっている。しかし、いずれにおいても、「世と推し移」る福沢の思考のスタイルには着目しているものの、それと福沢の「文明」「独立」という価値原理との内面的連関、すなわちそれがどのような価値意識によって基礎づけられているかは十分に理解されていないのである。

同時代の人たちにとって十分に理解されえなかったこのような福沢の思考様式の性格を解明しようとしたのが、福沢門下の鎌田栄吉の「コンパス」説である（「福沢先生」明治四〇。本書収録）。

鎌田は福沢の思考に「不両立の両性」の結合を見てとり、その第一に「常住性と変化性」を指摘して、状況とともに推移する福沢の発言は、他方独立自尊・文明進歩・自由平等といった普遍的価値への「一定不変の主義」というコンパスの軸足のごとき信念によって支えられていると論じた。

これは甚だ興味深い指摘であり、福沢の状況的な発言を彼の普遍的価値原理と関連づけようとする試みは正当であるが、「片時も動かざることな」き普遍的原理としての「文明」との内的連関をもつ福沢の思考を、「不動の」コンパスの軸足という比喩によって捉えることはやはり無理であろう。

いずれにしても、同時代人にとって福沢の思惟様式は十分に明らかにされることはなかったといってよい。そこで福沢の主張の「変化性」の意味が認識されることなく、それぞれの論者がその「変化」に応じていわば一面的な福沢像をつくり上げることになったのである。

他の面ではすぐれた仕事をした人たちをも含めて、同時代に「福沢」を論じた多くの人たちが福沢の思考様式をとらえきれなかったことは、大きな問題を暗示しているといえる。


政府（の専制化）と人民の「気風」（の活発化）とは対抗関係にあるという福沢の命題から福沢の政府・政治観が示唆されることは前述した。『学商』の著者によって「冷淡主義」と非難され保守的とされた福沢の政治観については、何よりも「私立」の重視と関連して、政治への非政治的なアプローチという態度に留意されねばならない。

政府ないし政治のあり方を「人民の気風」の活発化との対抗関係においてとらえる福沢にあっては、政治は best politics として権威主義的にうけとめられることなく、つねに具体的な社会的文脈においてその社会的な存在理由・功用性を問われることになる（「惑溺」の否定）。このように（「文明」の原理に方向づけられた）機能的な検証・選別によって機構信仰・組織信仰を免れる福沢の政治観は、何よりも社会の精神構造の探究を主眼とし（「政治の診察医にして開業医に非ず」）、日本社会の内に「権力偏重」という体質を見出した彼のアプローチの独自性によって支えられている（この点において、他の「洋学者」たちが西洋の「学説」紹介者ないしポリシー・メーカー的傾きをもつのと対照をなしている）。福沢において、政治へ直接にコミットするのではなく、政治に対して、非政治的に関わることによって政治を対象化し、そうすることがかえって「政治」的な効果をもちうると考えられた。したがって政治は社会的諸価値のレヴェルにおいてとらえられ、政治へ社会的な価値が集中するという日本社会の傾向にたいして、市民的諸価値の自立性（「私立」）の重視にもとづき政治権力の機能範囲が限定される。多元的な社会的諸価値のバランスィングのうちに社会および精神を活性化しようという彼の構想においては、肝要なことはつねに「文明」へ方向づけられた社会的文脈をつくることであり、従って「政体」も現実のコンテキストにおいてヨリよい（或いはヨリ悪くない）ものを選択するにすぎない。福沢にとって政治社会の変革は、国民の価値体系のレヴェルにおける根底的な転換なしにはありえないものであった。

「政権」に対する「私権」の重視、世俗的権力（「至強」）と精神的権威（「至尊」）の分化という日本社会の伝統への着目、徳川社会的「多元性」の評価、「社会分権」の主張、トックヴィル・バジョット・ミル等の著作への関心など、彼の「文明」社会の構想にもとづくユニークな政治観から導かれたものである。

したがって、「吾人が最も歎ずるは、福沢氏の政論中に於て改革の思想無きこと是也」（蘇峰）「社交上の急進家にして、政治上の保守家」（羯南）といった批判は、一定の留保を付されねばなるまい。したがって又、「政府は何にても可なり」といった福沢の発言は、『学商』の著者のように「冷淡主義」などでは片づけられない。自らを「政事の下戸」「政治の診察医」とする福沢の政治への非政治的なアプローチという「政治」的態度は、たんなる傍観や無関心とは無縁な、逆説的に「政治好き」（三叉）といわれる精神態度によって支えられていたのであり、それが「文明」への方向づけという観点によって、「之に離れたるが如く、又離れざるが如く見ゆる地位に立つて、社会を批評し、政治を論議」（植村正久）したのである。ここでも、福沢の思想の全体的脈絡との関連が見落とされてはならない。

『学商』の著者の「立国の大本として」歴史を研究したことがないという福沢への批判に対しては、「歴史的差別と歴史的連鎖とに拘泥して、革新進取の気象を失へることの甚しき」現状に対して福沢的な「啓蒙的思潮」の「回復」の必要を説いた大西祝の指摘（明治三〇）をあげるにとどめるが、「布衣の学者」として生きぬいた福沢の著書に、「翁の書を読みもて行けば恰も翁に伴うて明治歴史の旅行を為すが如し」「渾ての光景は我眼前に躍如として恰も写真の如くに映ず」という迫真性を見出した山路愛山の評は、この歴史家ならではの読みとりといえよう。

福沢の歴史観については、歴史的社会的事象の因果連関（「物事の互に関はり合ふ縁」）を把えることを強調した法則性への志向と、テクノロジーの発展（「蒸気電信郵便印刷」）に着目し、しかもそれを人心の改革（「民情一新」）との連関においてとらえていることとが注目されねばならないであろう（福沢における「手工労働」の経験および「鄙事多能」を誇る性格と彼の歴史観念との連関をついた本書所収の小泉信三の論考を参照）。

このように、それぞれの論点において構成された福沢イメージにもとづいて、同時代の多くの者によって福沢が「誤解」され「一面化」されたとするとき、それは福沢の「理論」枠組のレヴェルにおいてだけでなく、さらに福沢の「現実」の行動・態度およびそれが与えるイメージとの関連をも考慮にいれなければならないであろう。

福沢にも多くの「試行錯誤」があった。さらに彼には、「病を矯めんと欲して、往々劇薬を用ふ」という面があり、そのことが「福沢」をめぐっていくつかの「誤解」を生んだことも事実である。

福沢が「有形の文明」と「文明の精神」との区別を彼の文明観の基礎的範疇とし、それが彼の発言を終始貫いているにもかかわらず、福沢の名が、程度の差はあれ、「物質文明」あるいは「拝金主義」と結びつけて捉えられたことの背景には、少くとも一つには福沢の著作家（あるいは社会教育家）としての「成功」の受けとめられ方の問題があり、もう一つは弟子達についてのイメージの問題があろう。

出版業を自営し、自ら新聞を創刊した福沢にとって、著述家としての「成功」は、同時に「事業家」としての成功ともみなされた（「学商」イメージの形成）。「翁をして一に学に志さしめば翁は優に学者たるを得たらん。唯それ翁は事業家なり」などと評される所以である。実際、福沢はかなりの「金満家」とうけとられたこともあったらしい（石河幹明『福沢諭吉』昭和一〇）。このような「学商」イメージが、しばしば福沢の言動への批評につきまとうことになる（このかぎり、福沢の内に「鄙事多能」を誇り、出版業を「自営」する「私立」の「学者」という新たな人間型を読みとれなかったことが、理論枠組における皮相な解釈の一因にもなっているように思われる）。

さらにその上に、福沢の門下生たちの社会的活動、主として実業界での成功に対するイメージが福沢に「遡及」するという事情が加わる。三井系をはじめとする政・財界での「福沢山脈」の隆盛は、福沢をよく知るものにとって、「先生の極意は一人の独立を主とし此の独立のために商人道を唱へたるに、其の門人よりは却つて政府の庇蔭に依れる政商を出だしたるは事、志と違ひたるもの」（山路愛山『現代金権史』明治四一）と把えられるものであった。門人達の社

会的活動が活発化すればするほど、そのような「背景」のもとに福沢像が描かれるのは避けがたいことであった。(註)

このかぎり、同時代人の「誤解」にはある程度「情状酌量」の余地がある。

註　たとえば次のような「反省」を見よ。

「吾人は多年福沢先生を以て単に物質的文明を輸入するものと誤解して居た。少なくとも慶応義塾の卒業生は世才にのみ富みて、高潔なる道念を有せぬよふに思はれた。これは唯吾人の推測のみでない。事実は如何なることを吾人に証明して居るか。先生の門下生中には実業界に於て名をなしたる人も随分沢山あるが、吾人は彼等が慥に金力の点に於て一大勢力たることを認むると共に、彼等の中より幾何の道徳的感化が我社会に及びたるかといへば、余りこれと目指すべき程のこともない。故に吾人は常に福沢先生を以て物質的文明の輸入者とのみ誤解して居たのである」(『六合雑誌』二四二号)。

このような「学商」「拝金」イメージが、さらに福沢の政治的態度についての批判にも影を落としていることは注意されてよい。

福沢の著作家としての「成功」が、彼自ら「無鳥里の蝙蝠、無学社会の指南」を自負した『西洋事情』以来、何よりも西洋流の文明主義・自由主義思想の先導者、すくなくともその「紹介者」としての成功であったかぎり、さまざまの「問題」をふくみながらもそこに作り上げられた福沢像は、自由民権運動（国会開設運動）への積極的な参加を期待する態のものであった。「政権」と区別された「人権」を重視し、つねに「権力の偏重」を拒否する福沢がその「期待」に反したとき、福沢に対する非難には、「先導者」像と「学商」イメージとが交錯している。例えば――

「西洋事情や、学問ノ勧メや、出板の書物は多く時好に適し、其利益金は已に数十万の多きに至りたりと聞けば、先生の気力は又た昔日の如く勇敢ならず、寧ろ活眼の人に嘲らるるも、金を儲けて、一生を安楽に送り、危険の地に踏込まざるを以て上策の最上策なりとし、乃ち昨今の如き曖昧議論あるに至りたる耶。嗚呼、先生老ひたり」（『近事評論』第二八四号、明治一三）。

しかし福沢の政治的態度については、何よりも明治初年の儒教主義批判におけるごとき「掃除破壊」的態度からの「後退」とうけとられる面が強かった。

福沢自身が具体的な政治運動に直接にコミットしたことは、終始ほとんどなかったにもかかわらず（竹越三叉は「朝鮮経略」が福沢の「最初の政治的恋愛にして、また最後の政治的恋愛なり」としている）、民権運動期以降の福沢を「後退」とみなし、さらには「其位置を顚倒し、恒に国民の後に在り」（蘇峰。明治二五）としたのは、啓蒙的自由主義者という福沢像の根強さ、その明治前期における旧体制的精神構造への批判が与えた印象の強烈さを示しているが、それは同時に福沢の「政治」観のユニークさが注意されることなくそのイメージの中に埋没してしまうことをも不可避にするであろう。

一途に「政権」へ接近する「改進自由の民」にとって、さらに「社会問題」が頻発する状況において、福沢の民権運動にたいする「私権」の強調、非政治化すること(「政治社外」)の「政治」的効果を意図した皇室論、そして「官民調和」論の唱道などが、きわめて色あせて見えたことは想像に難くない。

かくして明治後期には、福沢はその「思想家」としての「生命」を終ったと考えられ、ことに「新日本之青年」たちにとってきわめて魅力の乏しい「歴史的」人物と映ったのである。

しかし、彼らは実は「等身大」の福沢と対決することなく、いわばそれを小さく、小さくして「のりこえた」のであり「終った」としたのであった。

2

明治三四(一九〇一)年、すなわち八幡製鉄所の操業開始、足尾鉱毒問題の激化、内田良平らの黒竜会結成、日本社会民主党結成の企てなどがあった年、福沢が盛大な哀悼の声につつまれつつ、しかも「敵にも誤られ、味方にも亦誤られ、先生終に世に知られずして逝けり」(『三田評論』第一六号）というひそかな嘆きの中に歿して以後、彼の「真意」に関わりなく、明治後期に論者によってさまざまの含意をもちながらも据えられた福沢像——功利主義的個人主義者・西洋（物質）文明主義者・啓蒙的自由主義者「福沢」というイメージが、或いは回顧され顕彰され、或いは黙殺され非難されることになる。

「福沢」がこうしてもはや「現実」にたいする「思想」としての力を喪失したとされたとき、それに対して田中王堂は『福沢諭吉』（大正四年）を書いて、「現実」がまさに「福沢」を必要としていることを強調した。そして福沢の「名声」が彼に対する「理会」を伴うものでなく、わが国の文明を発展させるためには「新たに、真の福沢氏を発見し、且つ紹介せねばならぬ」とした。

王堂は、福沢の「苦心」が西洋文明の「精神の理会」を徹底させるにあったことを強調し、さらに福沢の「見方の特徴」を真正面から扱って、そこに鋭くも「一、実験的なること、一、作用的なること、一、進化論的なること」という特質を見出し、福沢が「種々の活動と見方とを相対化」し、制度・行為は「それが適応しようとしてゐる境遇の性質」によって価値判断されると考えたことを明らかにした。

「私共は、悉とく福沢氏の後継者とならなければならぬ」と結んだこの見事な「福沢論」は、その中に、たとえば福沢が一方で「自国の独立」のために文明を採用するという「作用的の見解」をとりながら、他方「文明」は国家の独立などを超越した価値をもつという「固定的の見解」をとるのは福沢の文明論の「欠陥」「不徹底」であるとするような、「福沢精神」についての「不徹底」な理解を含みながらも、福沢を思惟様式の面から解明しようとしたことによって、「啓蒙思想家福沢」に最大限の意義を盛りこんだといってよいであろう（本書には文明観との関連で福沢の文体に着目した第四章を収録した）。

さらに、例えば白柳秀湖は、福沢を「封建マルクス」荻生徂徠と並べて、「徳川氏以降の日本思想史は徂徠に精通し、福沢に暁達すれば、その間はたしかに飛び越してもさしつかへない」として、正当な評価をうけていないこの二人の思想家の思想史上の意義を強調し、従来の、「間口ばかりただ広くて奥行の狭い俗臭紛々たるえせ学者、国風国体の精華を泥土に委して、西洋文明の糟粕を嘗める為に趨る男、黄金万能主義を信ずる男、唯物功利の思想を鼓吹する男、宗教に唾する男」という福沢像に反対した（「福沢諭吉と荻生徂徠」昭和九。本書収録）。

「真の福沢」を見出そうとするこのような努力にもかかわらず、「自立」した「福沢」像は、顕彰的に回顧され、或いは無視されつつ、軍国主義化とともに非難の対象となるのである。

しかし問題は、そのような批判・否定の側とともに、むしろ擁護・肯定の側にあった。

社会の軍国主義化とともに、西洋流の個人主義者・自由主義者福沢に対して批判が向けられたとき、福沢擁護の論者たちは、そのような批判に対して福沢の文明主義・自由主義の内実を明らかにし、誇り高き「洋学者」福沢の精神をもって対抗したのではなく、「国権論者」福沢を強調することによって、いわば防衛しようとしたのである。

したがって又、福沢擁護の論者たちが、「日本精神の発揚」という時代的状況の中で福沢を国家主義者・日本主義者として「蘇生」させようとする動きが生じたとき、それに対して何ら有効な反論をなしえなかったのは当然であった。福沢「蘇生」の論理が、国家主義者ないし国権論者福沢の強調にもとづくことは、明らかに功利主義的個人主義者・西洋文明主義者福沢像に対するリアクションであった。一面的解釈は、裏返しの一面的解釈をうむことになったのである。

福沢を国権主義者として「蘇生」させようとする試みは、田中王堂が「福沢に還れ」と叫んだ同じ大正四年にはやくも企てられ（ここでも「真の福沢精神」の発見が強調された）、福沢の独立精神は、「私共の我儘勝手、即ち私共の『私』にない事は申すまでもない事」であり「国家をして国家たらしむる大精神」と解された（鹿子木員信「福沢先生の根本的精神」）。そして、「一国人民の気風」を重視する福沢の態度は、「国民の魂の保有が其の国固有の文化に負ふ所が多いといふ国粋保存的の見解」と捉えられ（河野省三『日本精神発達史』昭和八）、国家の対外的独立を強調した福沢は、「富国強兵を以て後進国日本を一日も早く世界に伍せしめんことを畢生の使命とし」たのであり、「福沢翁は普通に誤り考へられてゐる西洋心酔者流ではなく、熱烈なる愛国者であり、日本精神の鼓吹者である」（田制佐重『日本精神思想概説』昭和八）「ひたすら官民調和を説き、官民の調和によつて国力の増進を謀り、軍備の拡張を実現し、よつて以て東亜政略の実施、国権の拡張を策すべきであるとした。彼は斯くの如く論じたばかりでなく、一切の行動をこの主張の実践に準拠せしめたのである」（川辺真蔵『福沢諭吉』昭和一七）。

啓蒙的自由主義者・個人主義者としてその思想的生命を「終った」とされた福沢が、今や国権主義者・日本主義者として「現代性」をもちうるとされたのである。

これに対して福沢擁護の論者たちが、西洋流の自由主義思想を敵視する軍国主義的精神状況にたいする自己防衛の「戦術」という側面をもったにせよ、福沢の一面的恣意的解釈に対して反論しえず、むしろ日清戦争前後の福沢の言動を繰返し引いて、（註）「先生の結論は究局事実上国の独立国権の皇張なる一事に帰着する」として「熱心な軍備拡張論者」福沢を強調し（小泉信三「福沢先生と日清戦争」昭和七）、「熱烈なる愛国者」「先生は常に軍備拡張の急務を唱へた」「国権皇張論者たる先生」（福沢先生研究会編『福沢諭吉の人と思想』昭和一五）、「勇気と明識とによつて時代を率ゐ、一に国権の確立皇張を最後の目標とする以外余念のなかつた福沢諭吉」（小林澄兄『福沢諭吉』昭和一七）を強調したことは、状況の困難さを考慮にいれた上で、なお福沢理解として不正確であり、「権力の偏重」を排する福沢精神からの「逸脱」であったといわざるをえないであろう。

註　日清戦争前後の福沢の態度はさまざまの「問題」を含むものであるが（「対アジア政策」を中心とする福沢評価の問題点については本書所収の遠山論文を参照）、そのような態度が福沢の「文明の信奉ゆえの誤り」（鹿野政直「福沢諭吉」本書収録）にもとづくものであったかどうか、彼の「文明」の原則との連関が問われなければなるまい。ここでは、日清戦争に関してしばしば強調される、「愉快とも有難いとも云いやうがない、云々」（『福翁自伝』）という彼の自足の念とともに、他方福沢が自己の周辺から「気品」が失われていくことに対して「今日進歩の快楽中、亦自から無限の苦痛あり」と訴えていること（明治二九年の演説）にも注目しておきたい（萩原延寿「福沢諭吉」昭和四三）。

このように福沢理解の一面化・歪曲を克服しえず、社会状況の悪化とともに、真の福沢像を構成しようとする努力が次第に放棄されるなかにあって、福沢像の再構成の内に時代状況に対する抵抗を明らかにした人たちがいたことはわれわれを感動させる。

たとえば『白石・諭吉』（昭和一二）を書いた羽仁五郎がそれであり、「福沢諭吉の儒教批判」（昭和一七）「福沢に於ける秩序と人間」（昭和一八）を発表した丸山眞男がそれである。

羽仁は、「歴史の進歩に対し人民に対し婦人に対し教育及び学問の自立に対する不当の圧迫として福沢諭吉が指摘批判し其等の排除につとめようとしたところのものが、今日依然残存し、或はそれらが今日一層複雑な事情の中に一層悪質に作用しようとして居る限りでは、近代思想家としての彼の思想及び行動就中彼の著書著述は現在なお生きて新しい時代のために智慧をあたえ激励と慰藉とをおくって居る」という見地から、福沢の封建主義批判を執拗に引用し、福沢の「古毒」「古流再燃」に対する批判への共感のうちに現時の状況への強い抵抗の姿勢を明らかにした。そして福沢を功利主義者・個人主義者あるいは国家主義者・日本主義者といった規定で片づけるような現下の「局量の狭い或は悪意の批判糺弾」に対しては「不朽の思想家福沢諭吉は苦笑するのみであろう」とした（『白石・諭吉』）。さらに、一見体系的でない福沢の発言のうちに、「真に深刻の体験にもとづいて自から主張しようとする一つの原則を持った思想家」を読みとった（「体系的哲学者 Systematiker としての福沢先生」昭和一二。本書収録（註））。

丸山は、福沢の儒教批判の内に、「『国権』主義—反儒教主義—文明主義の必然的連関」を把え、安易な「全体的秩序への責任なき依存」に対して、秩序に能動的に参与する新たな人間類型を創出しようとする「自主的人格の精神」としての福沢の「独立自尊」を対置し、福沢の思想史的意義を「国家を個人の内面的自由に媒介せしめたこと」と要約して、「個人主義者たることにおいてまさに国家主義者だった」福沢を明示した。この福沢像のうちに、福沢を「個人主義者」として葬り去り、国家主義者・日本主義者として「蘇生」せしめているような時代の精神的および社会的状況への鋭い抵抗の精神を読みとることができる。

註　昭和二〇年の敗戦とともに福沢評価が「解禁」されたとき、羽仁が直ちに、福沢が「原則的思想家」であることを再確認した上でその原則への福沢自身の「裏切り」を批判した一文を発表したのは（「福沢諭吉」昭和二一）、その批判の当否はともかく、「生産的あまのじゃく」（丸山眞男）という福沢精神をよく理解していたこの歴史家の面目を示すものといえよう。

3

昭和二〇年、日本軍国主義の敗北とともに、福沢は西洋文明主義・自由主義のチャンピオン、民主主義の「先覚者」として「復活」した。昨日までの福沢をめぐるマイナス・シンボルが一挙にプラスへと逆転した。何らの反省も加えられることなく、恰もシーソーのように、一度は葬られた西洋文明主義者・個人主義者「福沢」という一面的解釈がそのまま国家主義者「福沢」という他の一面的解釈にとって代ったのである。

このようなシーソー的な「福沢」解釈の変転（「権力の偏重」！）は断ちきられねばならない（それは又、たんに福沢解釈の問題にとどまらないであろう）。

丸山眞男の一連の福沢論は、そのような傾向性を断ちきり、従来の福沢解釈を根底から転換するものであった。「福沢に於ける『実学』の転回」（昭和二二。本書収録）「福沢諭吉の哲学」（昭和二二）『福沢諭吉選集』第四巻「解題」（昭和二七）などにおいて丸山がなした大きな仕事をここで詳細に検討する余裕はないが、丸山が明らかにしたのは、何よりも福沢の言論著作の基底に一貫して流れる「思惟方法と価値意識」であり、その基礎の上に福沢思想の全体が捉えられたのである。

戦後の第一論文で、福沢を漠然と啓蒙的な合理主義・功利主義・実証主義といった規定で片付ける「俗見」の原因を彼の学問観（「実学」）の理解の問題にあるとし、福沢の「実学」が「近代的自然科学を産み出す様な人間精神の在り方」への関心に裏打ちされた「『物理』の実学」であり、人間の主体的自由と物理学的自然との相関関係についての深い認識が福沢にあったことを明らかにし、物理学的方法の中核としての「実験」精神にもとづく「機能的な見方」および物理の「定則」の把握を通じて「自己の環境を主体的に形成する」精神という「新たなる人間類型」を福沢のうちに読みとり、さらに第二論文で、そのような福沢の「哲学」を精細に分析した。

(1)価値判断の「相対性」の主張。福沢の思考は、問題を具体的状況に定着させ、それとの相関において価値を決定するものであり、従って彼のあらゆる領域にわたる具体的批判はすべてその時々の現実的状況に対する「処方箋」として書かれている。従ってこのような福沢の立論を絶対的な事実の認識と見てはならず、それはすべて「一定の実践的目的に規定された条件的な、いわば括弧付の認識」である。

(2)命題の「条件的」性格。福沢の立論がこのように相対的＝条件的性格をもっているとすれば、彼のヨーロッパ文明論も日本の国家的独立というテーゼも、いずれも「条件的な命題」であって、それ自体抽象的に絶対化して理解されてはならない。従って、福沢を単なる欧化主義者・天賦人権論者と見るのも、或いは国権主義者と見るのもいずれも「彼の条件的発言を絶対化」した誤謬である。すなわち、文明は国家を超えるにも拘らず、国家の手段となり、国家は文明を道具化するにも拘らずつねに文明によって超越せられる。この「相互性」を不断に意識しながら、その時の歴史的状況に従って「議論の『使い分け』」をしたのがまさに福沢思想のユニークさであり、それが又福沢理解を困難ならしめるのである。

(3)人間精神の「主体的能動性」の尊重。価値をたえず具体的状況に応じて流動化し相対化するということは強靭な「主体的精神」を予想する。このような福沢の「精神態度」は、機会主義と公式主義という根を同じくする二つの精神態度のいずれをも、「価値判断の絶対主義」を代表する儒教への批判において拒否する。

(4)動態的・開放的な社会関係の構想。福沢においてそのような精神のあり方は、個人的な素質や国民性の問題ではなく「社会的雰囲気」（「気風」）の問題であった。固定した閉鎖的な社会関係においては価値判断の絶対化・手段の自己目的化という「惑溺」現象およびパースペクティヴの凝固性を免れえず、それに対して人間関係が不断に流動化する社会においては、そのような状況へ主体的に対決する精神および知性の積極的な活動が重視され、社会的価値は多元化し分散するであろう。福沢の価値原理としての「文明」はこのような構想のうちに捉えられた。「固定的な社会関係が破れて人間相互の交渉様式がますます多面化することが社会的価値の分散を促し、価値規準が流動化するに従って精神の主体性はいよいよ強靭となる」無限の過程こそ「文明」であり、「この過程を進歩として信ずること、それが福沢の先に述べたような神出鬼没ともいうべき多様な批判を根底において統一している価値意識」であった。従って社会の歴史的発展の契機は、何よりも「社会的交通（人間交際）の頻繁化」にもとめられる。

それは又、「政治論」としては、「一方における人権（または私権）の確立に基く人民の多元的な自発的活動と、他方における政権（または公権）の確立に基く一元的指導性と、この両者が分業の原則によって相侵さず、互に拮抗し平衡を保ちつつ共存する」ことが構想される（第三論文参照）。

(5)日本の社会体質への批判。人々の交渉関係をできるかぎり頻繁にし、パースペクティヴをできるだけ多様化しようとする、「ほとんど衝動的なまでの欲求」をもつ福沢が、歴史的現実としての日本社会に立ち向ったとき、そこに見出したものは、「あらゆる形態における精神の化石化」であり、「そのコロラリーとしての社会的価値の一方的凝集」であった。

ここに福沢は、「価値の分散を通じての国民精神の流動化」という根本課題を果たすべく、みずからに日本の「社会と精神のしこり」を揉み散らす「マッサージ師」の役割を課したのである。

ここにはじめて、そのトータルな把握を困難にし、一面的・恣意的解釈を変転してきた福沢像は、彼の思惟様式のほとんどあますところのない分析にもとづいて再構成された。

同時代人以来、多くの論者にその独自性を注目されながらも解明されることのなかった福沢の思考様式は、鎌田栄吉の「コンパス」説、田中王堂の「実験的・作用的・進化論的」特徴を経て、ここに「状況的思考」（situational thinking）としてその「価値意識」との内面的連関において明らかにされた。今後、この福沢の思惟様式の特性を無視して、一面的に解釈することは許されないであろう。

今や福沢は、「いきいきした矛盾」を抱えた、きわめて魅力ある思想家として現われた。丸山眞男によってはじめて、福沢諭吉は、いわば等身大の、「知的格闘」の相手として不足のない思想家となったといってよいであろう。

福沢は理解されがたい思想家でありつづけた。その「理解されがたさ」は、われわれの精神的・社会的体質と深く関わっている。「理」を尽しての話し合いをせずともわかり合える同質的な社会関係においては、現実の状況に応じて文脈をつくるという福沢的思考は理解されにくいのである。それだけではない。そもそも「真情あふるる」態度をのみよしとすることに慣れてきた精神には、福沢のごときあまのじゃくな「条件的」認識は、信用のおけない・ヒューマニスティックでない・たえがたいものと映るのである。「しこり」をもちがちなわれわれの精神および社会体質にとって、丸山が福沢のうちに読みとった「状況的思考」は画期的な意義をもっている。

丸山の福沢論が、一の福沢論にとどまりえないゆえんである。

ところで、福沢の思想をその「階級的性格」あるいは「党派性」から明らかにしようとする試みがしばしばなされてきた。それによって福沢は、「官僚政府の反対派として終始するよりはむしろそれと妥協し、それから庇護され、特権を賦与される大ブルジョアジーの代弁者」(永田広志『日本唯物論史』昭和一二)「福沢にとつては国家の独立富強こそ絶対の要請であり、そのためには如何なる犠牲をも払はざるべからずとせられたのであつて、富強のためには生産力の強化に専念するの外なく、そのためには貧民の犠牲において資本家の力を強化する以外に途なし」とする「資本家的立場」（家永三郎「福沢諭吉の階級意識」昭和二五）「絶対主義明治政権の原則的支持、これに対立する基本階級たる半封建的農民とそこから溢出しているプロレタリアートの運命についての徹底的非情」を基本性格とする「絶対主義者」（服部之総「文明開化」「福沢諭吉」昭和二八）等々とされてきたが、この接近方法は、現実の具体的状況に応じてアングルを自在に「移動」し、しかもあらゆる立論を「一定の特殊的状況における遠近法的認識」としてつねに「括弧付」のものと意識する福沢の「条件的」思考を捉える上で、ある困難に逢着するであろう。また福沢の「学び方」としてもおそらく生産的ではないであろう。

福沢の思想の全面的な把握を困難にするのが、「福沢の著作活動、つまり彼の『店』で生産され販売される品目が、必ずしも彼の『本性』の嗜好でなく、時の『需要』——と彼が判断したもの——によって決定されている」ことにあるとすれば（丸山眞男『日本文学全集51』「解説」昭和三三）、問題は、福沢の「需要」の判断があたっていたかどうか、彼の「嗜好」はいかなる作用をしたかを明らかにすることにあろう。福沢の「解答」のみを見てはならないのである。彼のものの見方・問題解明のプロセスをこそ学ぶ必要がある。それをヌキにして福沢の立てた命題自体を絶対化するなら、彼の主張は相互に矛盾し、そこから又それぞれ一面的な福沢像が導かれざるをえないことは、福沢解釈史いな「誤解」史が示している。否、福沢像の問題ではない。観点の立体性と決断の主体性とを特性とする福沢的思考とは無縁な、そのような一面的思考・価値関心の「一辺倒」の傾向が現実にどのような問題をうんできたかは「経験」によって明らかなはずである。

福沢を日本「近代」の「破綻」とともに葬り去ってはならないのである。「福沢の『文明開化』でジャスティファイされた明治日本にたいする今日のにくしみ」（服部之総）という心情で福沢思想を流し去ってはならない（「ジャスティファイ」の意味連関こそ明らかにされねばなるまい）。それは福沢を民主主義の「先覚」とか「良識」の代表といった人畜無害のレヴェルにマツリ上げておいてはならないのと同様である。福沢は問題的な思想家として正当に把えられねばならない。

「破綻」を意味あらしめるためにも、福沢は新たな観点から学びなおされる必要がある。彼との「知的格闘」のみが、「一九四五年の無条件降伏におわる戦争を、福沢が設定し、明治国家に体現された思想コースの延長上にとらえるか、あるいは福沢コースの逸脱としてとらえるか」（竹内好「日本とアジア」昭和三六）という議論に思想的意義をあたえるであろう。少くとも、プラグマティックな思考にもとづく福沢の「政体」観は、特定の政治体制を他国へ押しつけるための「聖戦」遂行者のそれとは全く異っている（加藤周一「福沢諭吉と『文明論之概略』」本書収録）。それはまた、民主主義を手ばなしで肯定する戦後の一部の論者たちとも全く異ったものである。

すくなくとも福沢の「学びなおし」を等閑に付し、彼を「終らせた」つもりでいるかぎり、あるいは自己の「経験」に対して「二生相比し両身相較」する福沢的精神に学ぶことがないかぎり、「民主主義」も「反ファシズム」も根の浅い「流行現象」に終るほかないであろう。

福沢を学ぶ者は、そこにたとえば秩序解体状況にあって国家が生きのびるための術策（国家理性）に制縛されながら「国民」（ネーション）の形成へと方向転換しようとするマキャヴェリ的な緊張、状況への柔軟な「主体的対決」をささえるホッブズを想わせるノミナリスティックな思考、対抗力の存在による社会的均衡を重視するモンテスキュー的感覚、個性尊重のもとに能力をひきだすというルソー以後の教育観念等々を見出すかもしれない。

しかもそれらは福沢のきわめて興味深いパーソナリティによって担われている。それは例えば、明治初年の暗殺の危機に対して「家の床を少し高くして押入れのところに揚板を造って」「そこから逃げだそうという私の秘計」をめぐらす福沢であり、深更往来で男と出会ったときのことを、「だんだん行くと一歩々々近くなって、とうとうすれ違いになった、ところが先方の奴も抜かん、こっちはもちろん抜かん、ところですれ違ったから、それを拍子に私はドンドン逃げた」と語り、自らを「臆病者」と平然といってのける福沢であり、識者に読んでもらうつもりで書いていているという門生尾崎行雄に向って「猿に読ませるつもりで書け」と叱咤する福沢であり、はじめて江戸にきたとき小僧が鋸のやすりの目を叩いて拵えているのを見て「途方もない工芸の進んだ場所だ」と驚く福沢であり、西郷の内に「国民抵抗の精神」を見出し、しかもその文書を筐底深く秘す福沢である。そしてそれは（時に嘲笑的とみえるほどの）稀有のユーモアのセンスによって貫かれている。福沢はこのパーソナリティとの関連からも再構成されねばならないであろう。

加藤周一は『文明論之概略』にふれて、「一八七〇年代の状況と、一九六〇年代の今日の状況とを重ねてこの一冊の本を読めば福沢の論点がどれほど普遍的であり、洞察がどれほど鋭かったかを、ほとんど手に汗を握るような気持ちで、こまかく辿ることができるだろう」ことを明快に説いたが、一九七〇年代の今日においても事情は変らないばかりか、一層その現実的意義をましたといってよいかもしれない。市民運動の昂揚の内に「市民的人間型」の形成を読みとり、政治の市民的構成を構想する論者が、福沢を引照するのはけっして偶然ではないであろう（例えば松下圭一編『市民参加』昭和四六）。

福沢のうちに、われわれは日本社会の体質批判（彼の時代にあっては儒教批判あるいは封建主義批判の形をとった）とともに、「市民」自治の原則（「一身独立」「私立」）を学びうるであろう。

今日においては、その両面は同時併行してなされなければならず、そしてそのような「二面作戦」が結実するとき、真に福沢の「構想」は現実化するであろう。

（追記）

本書の編集・解説において、昆野和七編「福沢諭吉関係文献総目録」（『史学』第二四巻二・三号、昭和二五）富田正文監修・丸山信編『福沢諭吉とその門下書誌』（昭和四四）伊藤正雄編『資料集成　明治人の観た福沢諭吉』（昭和四五）等から多大の便益をうけた。これらの労多き仕事に敬意を表したい。

あとがき

本書は福沢諭吉に関するさまざまの見解を網羅したものではなく、また必ずしも福沢論の「典型」あるいは「通説」をあつめたものでもない。このかぎり本書の編集もむろん一つの「視点」たるを免れない。編集の基準・態度については、「解説」の拙文を読んでいただきたい。

福沢はけっして理解しやすい思想家ではない。真に福沢思想ととりくもうとするとき、少くとも本書に収録した諸論考は福沢の問題の所在を明らかにするものとして、またすぐれたイントロダクションとして、貴重な手がかりを与えてくれるであろう。本書への収録を快諾して下さった著者および関係者の方々に心から感謝したい。

ところでこの本ができるまでには、師友から実に大きな援助をうけている。編者の個人的な想いとしては、本書にその人々からの学恩と、本書を見ることなく逝った亡母の支えとに対する感謝をこめている。

しかし編者の個人的な感慨などどうでもよい。本書が福沢諭吉という思想家へ新たな関心を喚起する一助となることを願うのみである。

最後に本書は、りせい書房の処女出版である。日高徳迪氏をはじめこの小さな出版社の人々が少なからぬ労苦の上に一冊の福沢論集をもってその歩みを始めた「志」を貴重に思う。編者が未熟をも顧みず編集をひきうけたのはひとえにこの故である。この「志」がいかにうけとられるか、出版者とともに見守りたいと思う。

一九七三年七月

編者

44年後のあとがき——平凡社ライブラリー版あとがき

1

福沢諭吉は今日どのように読まれているのであろうか。

毎年のように刊行される著書や論考は堆く積み上げられていて、その全体に目配りすることなど到底できない。ここでは、思うところを二、三書きとめておきたい。

近年の福沢研究において目につく特徴の一つは、書誌学的な研究の蓄積である。それは端的に、『福沢全集』において『時事新報』無署名論説の占める分量があまりに多いことに対する疑義であり、そこから福沢自身のテクストを確定しようとする試みである。

先鞭をつけたのは、福沢と他の論説記者の署名入り文章から「筆癖」を明らかにし、無署名論説と照合することで起稿者を推定する井田進也の「認定法」であった（『歴史とテクスト』二〇〇一年）。

送り仮名の有無や縮約、常套句、漢語や熟語の使用法、特徴的な表記などの「筆癖」にもとづいて、福沢の直筆と見なしうる論説や彼が記者の原稿に徹底的に手を入れた論説から、若手記者の文章をそのまま載せたと考えられるものまで、福沢の関与の度合いによって五段階に分類して評価する。

この認定作業の結果、福沢思想の一大転機とされる日清戦争期の重要論説、とりわけ福沢が戦争への挙国一致を呼びかけたとされる「日本臣民の覚悟」やその前後の論説は、福沢自身のものではないと判断された。また、それに先立つ転換の時期とされる「明治十七年秋の『時事新報』論説でも、皇室中心主義や中国大陸進出論的な傾向の強い論説は、調べてみるとかならず高橋や渡辺〔論説記者〕の筆で書かれていた」と推定するのである。

こうして、「「脱亜論」に先立つ「東洋の波蘭」、「御親征の準備如何」（高橋義雄起稿、E評価）や、日清戦争時の「日本臣民の覚悟」（石河幹明起稿、D評価）等のゆえに、福沢は全アジア的に少なからぬ悪評・悪名を蒙ってきたとさえいえる」が、それは少壮記者たちが長きにわたって福沢思想を「覆ってきたヴェール」ではないか、という考察が書誌学的研究から導かれる（「二〇〇一年の福沢諭吉」、前掲書）。

この認定作業は、福沢の思想とりわけそのアジア認識に対する評価を見なおさせる可能性をもち、少なくとも現行『全集』の再編集を促すが、しかし書き癖による判別という方法は不確実さを避けられない。また福沢の「関与の度合い」といっても、起筆・立案から添削まで認定は容易ではない。井田が示唆するように、『時事新報』の紙面構成において、福沢と他の論説記者との連携がどのようになされていたかを解明する必要があるだろう。

井田の仕事を継承しながら、『時事新報』主筆の一人称である「我輩」の書き手たちを丹念に検討することによって、無署名論説から福沢を見つけ出そうとする試みが、平山洋の書誌的研究である（『アジア独立論者福沢諭吉』第二部「『時事新報』論説の作られ方」二〇一二年）。

そこで福沢の残存する自筆原稿を確認し、その編纂時に日清戦争当時の社説記者たちが存命であった大正版『全集』の収録状況を確認した上で、井田の判別法と合わせて書簡での言及などに拠りながら各論説の起草者が推定されていることの意義は小さくないであろう。

しかしその書誌的研究は、論説を恣意的に扱う論者たちに対する批判としては有効でも、必ずしも福沢思想の新たな「発見」へと導くものではない。それを端的に示すのは、福沢を「市民的自由主義者」とする丸山眞男に対して、「侵略的絶対主義者」とする遠山茂樹という敵対関係において論述していることである。この規定による遠山の評価は、書誌学的研究から内在的に導き出される評価たりうるであろうか。

同様に、丸山と結びつけられる「市民的自由主義者」という規定についても無批判に受け入れるわけにはいかない。福沢についてそれを言うためには、彼がトクヴィル、ギゾー、J・S・ミルといった西欧の自由主義思想といかに取り組み、自らの思想を作っていったか、その手沢本の検討を含む学問的手続きを通じて明らかにする必要があるだろう（その書誌的研究として安西敏三『福沢諭吉と自由主義――個人・自治・国体』二〇〇七年）。

確かに危機的《クリティカル》な認識は、従来の思想史的な枠組みをいったん離れて文献そのものに立ち返ることを要請する。しかし、そのテクストに対する注釈や書誌的解釈は、通説や通念に対する批判的《クリティカル》思考と結び合い、新たな思想史構想と連繫する文献学的研究でなければならないだろう。

興味深いのは、同じ書誌的研究に拠りながら井田が平山と対照的に、丸山に対してむしろ遠山を評価していることである。

その評価は何よりも、丸山が日清戦争期における福沢思想の「急激な旋回」を、当時の『時事新報』論説に言及することを「回避」したまま論じたことに係る。丸山がその論説群を福沢の政治論として扱うことの危うさを知悉していたからこそ、生のかたちで引用することを避けたのであろうとしながらも、丸山がその立論において引照する日清戦後の論説数篇には「福沢自身の起稿になるものは一篇もない」と推定するのである。これに対して遠山は、福沢にそくして理解しようとして、日清戦争時の論説群を逐一編年的に検討するのであり、書誌学的に補正されるとしても、その「歴史家としての手堅い手法に共感を覚える」とされる(「福沢諭吉『時事新報』論説の再認定」、前掲書)。

こうして、今日の福沢解釈が、かつて福沢研究を主導してきた丸山眞男と遠山茂樹の立論の対立や交差に立ち戻り、そこから再出発していることを確認することができよう。

このように評価が分かれる遠山茂樹の福沢論をどう読めばよいだろうか。

遠山の福沢解釈が一筋縄では行かないことは、『福沢諭吉――思想と政治との関連』(一九七〇年)の最終章「評価の問題点」(本書収録)を一読するだけで了解されるであろう(ちなみに著者自選による『著作集』第五巻(一九九二年)には福沢関連の諸論考が収められているが、同書からはこの最終章一篇が採られている)。

虚心に読めば、その批判的な言及に畳み込まれている福沢に対する遠山の敬意と愛着は紛れもないのではないか。敬愛という言葉は強すぎるとしても、福沢の文明論に対する、「かつてなかったというだけではなく、その後にも比肩するものの稀な、文明史であるということができる」(「福沢諭吉の啓蒙主義と陸羯南の歴史主義」一九七六年)という評価は一貫していた。この点で丸山との距離は遠くないのである。

遠山の福沢解釈をわかりにくくしているのは、一方で歴史的制約のもとに挫折し後退していく福沢を強調しながら、他方で晩年に至るまで「秩序の擁護者」に甘んじることなく、「異なる歴史発展の可能性を作り出すべく模索し苦闘した」福沢へと評価が振れるからである。遠山はそれを、福沢の論述は「二様の読み方ができる」ことにあるとする。「後期の敗退の歩みさえも、七〇年後の私たちの胸を打つ何物かを含んでいる」という言葉は、この歴史家の本心であるように思われる。

後年遠山は、福沢が敗退したとする日清戦争期について、「福沢が外戦のもたらした結果に自足していたとも思われない。彼は一八九八年大患にかかり、その二年後に死去したため、日清戦争後の活動如何を確かめることはできないが、後退しつつも次の前進の足がかりを探っていたという面を見逃さないこと」に注意を促している（「福沢諭吉と天皇制」一九八八年）。遠山における福沢評価の振幅に留意しなければならないだろう。

丸山眞男の福沢論において論述の「回避」と「先送り」をもたらしたとされ、遠山茂樹に福沢評価の揺れを生じさせたように見える日清戦争期について、ここでは次のような指摘を確認するにとどめたい。

「一九三〇年代のような偽りのアジア主義ではない、真に対等な主権国家間の「アジア連帯」の思想を帝国主義成立前の歴史の中に探し求めるという方向が生まれた。福沢の「脱亜論」は、その陰画として新たに発見されたのである。だが、その際暗黙の前提となっているー九三〇年代の日中関係と日清戦争前のそれとは、そもそも条件が全く異なる。先ず日清戦争前の中国は朝鮮半島の覇権を競う、日本のライヴァルであり「大国」であった。……また日清戦争前において日清提携論を貫くことは、何らかの形で主権国家の論理と異なる宗属関係の設定を中国の周辺領域において認めることである。それが「対等な主権国家間」の連帯であるかどうかについては、議論の余地があるだろう」（酒井哲哉『近代日本の国際秩序論』二〇〇七年）

福沢の転機とされる「脱亜論」から日清戦争期にいたる論説を読む際に、心しておくべき指摘と思える。

2

福沢の対外認識に論者の関心が向かうとき、それは福沢の文明論とどのような内的関連にあるものととらえられているのだろうか。福沢の文明論的認識は、いわば不可避的に「脱亜入欧」的思考を導くものなのか。福沢の思想に分け入って、それを明らかにしようとする研究は意外に少ないように思える。

その数少ない研究の一つに、松沢弘陽による福沢の文明論の丹念な読解がある（『近代日本の形成と西洋経験』第V章「文明論における「始造」と「独立」」一九九三年）。

「福沢はしばしば、西欧文明論の使徒として、『文明論之概略』はその福音書として描かれ、その延長線上に「脱亜入欧」が来るようにとらえられる。しかし、事実はその反対の面を含むのではないか。……福沢は、西欧の文明論が、日本の国民としてのアイデンティティーの危機をもたらすと考えたのではないか。国民国家としての独立のためには、西欧の文明論を受容した上で、それに「心酔」することなく、それから「独立」し、国産の文明論を「始造」しなければならないと考えた──」

松沢が慎重に「仮説」と呼ぶこの見解をめぐって、福沢のテクストの草稿から成稿にいたる変化や西洋の著作の手沢本の点検など、書誌学的な目配りをも加えながら、福沢の「文明論」を同時代の文脈の中でとらえなおそうとする。

福沢が同時代の洋学派知識人と鋭く対立したのは、文明化の到達度の違いという縦の時間的な継起を横だおしに空間的に同時並存するものととらえる、西欧の文明論を貫く「単系発展論」をめぐってであり、そこに見出される停滞や専制の決定論的な解釈のもとにある「アジア」観の受容の問題であった。

福沢の西洋「文明」受容に先立つ日本社会の認識と、その文明化の先行条件への関心は、日本における歴史的条件の変革の可能性と文明発展の独自性を示すものとして、西洋の決定論的な「アジア」観に対する根本的な異議申し立ての意味を含んでいること。西洋の社会理論の内面支配の圧力が、日本における国民的な自己意識の形成に対して否定的に作用することを認識していたこと。米国史はヨーロッパのそれとは異なるという歴史認識が、福沢において世界の歴史的な行程の多様性に対する自覚を促したのではないかということ。福沢の「備忘録」中に見られる「野蛮文明、必ずしも正しく順序を踏むものに非ず……日本の有様を進めて一度西洋の階級を経ざる可らざるの理なし」という主張が示唆するように、日本の歴史が西洋の「階級」（段階）を飛び越える可能性を考え、西洋文明論の単系的発展段階論を離れて「多系的」発展論を模索していたこと。松沢はそのように読み解くのである。

このような読解を積み重ねてはじめて、次のような問いが思想的な意味をもつものとして導出されるのではないか。

「西洋の文明論をつらぬく単系発展論とその「アジア」観がふるった内面支配・同化の圧力の危険を鋭く感じとり、それからの「独立」を模索して労苦した福沢が、朝鮮に対してはなぜ、長い期間にわたって単系発展論と自己への同一化をもってのぞんだのだろうか。」西洋との「接触」に対しては「自己内の相剋と自己異化」がうかがわれるのに、「アジア」に対して、「異質な他者」としての葛藤と緊張が見られないのはなぜかという問いであり、文明の単系発展論に対する批判が屈折してしまうのはなぜかという問いである。

ここには、一九世紀の一思想家の思考態度の問題にとどまらない、現代にいたる射程をもつ日本における「思想課題」が顔をのぞかせているのではないか。

「日本にとって歴史空間としてのアジアとは、自らのアイデンティティを確立し、自己の起源を位置づけるための基盤となった。だが、そのアジアを対象化するためには西洋ないし欧米という存在が不可欠であり、そこに質的差異を操作的に設定することによって、自己の使命感を投影するための空間としてアジアを呼び起こし、時には西欧文明化の魁、時には興亜の盟主としての自意識を確立していったのである」（山室信一『思想課題としてのアジア』二〇〇一年）

アジアを対象化するためには西洋という存在が不可欠であること。ここに西洋「文明」論の受容が、日本の自己認識における「アジア」という問題圏を構成する契機がある。一八九〇年代に形づくられる日本・東洋・西洋という枠組は、そのような日本の自己認識のあり方を端的に示している。それは「西洋の衝撃」と並列するように「中国の衝撃」を語る近年の言説にまで引きつがれているだろう。

福沢においても「アジア」という観念自体が西洋の著作をつうじて初めて得られたものであり、ヨーロッパとアジアという対比が彼の根本的な問題枠組でありつづけた。そうであればこそ、世界文明論として内面支配と同化への圧力を強める西洋「文明」に対する福沢の思考態度が問いなおされたのであり、その単系的発展論に対する批判が注目されたのであった。

アジアという歴史空間を日本における「思想課題」として的確に位置づけた山室信一は、しかし福沢については「単系的文明化」の理念を見出すのみである。そこではヨーロッパとアジアという区分そのものが意味をもたなくなり、アジアの中における「文明差」こそが問題となる。「福沢において文明という概念がヨーロッパに対するアジアという認識のための基軸としてよりも、アジアの中にあって日本の文明化とその他の地域との差異を認識するための基軸として機能していった」とされるのである。

この「読み」の違いはどこから来るのか。松沢が西欧との「文化接触」という観点から福沢の思想をとらえようとするのに対し、山室はその接触がもたらす西洋とアジアとが一体となった「合わせ鏡」からとらえているという視角の違いによるのだろうか。しかし、その懸隔は大きい。

丸山眞男は晩年、中国の読者に語るという形で、「福沢の「思考方法」を異なった文脈において「読みかえる」ことがどうしても必要となる。福沢の思想の「直訳」でなくて「意訳」が大事なのであり、ある場合には、「意訳」をもこえた、福沢思想の「再創造」が要求されるかもしれない」と書いた（「『福沢諭吉と日本の近代化』序」一九九一年）。それに倣っていえば、山室の福沢解釈は「直訳」に近いといえるだろうか。しかし、そこに松沢の問いは残る。この「読みの抗争」のうちに福沢のテクストを位置づけなおし、読みなおすことが必要なのではないか。そこには日本の思考課題を担おうとする意思と、それに対する初発の問いが刻まれている。私たちはそこから、新たな思想的問いを受けとることができるだろうか。

本書はもと『論集・福沢諭吉への視点』（一九七三年）として刊行されたものである。本書は私にとっても「歴史的」文献なので、いっさい手を加えていない。

私は大学院の一時期に福沢思想と取り組む機会があり（それは一九七一年に修士論文として提出された）、本書はその副産物である。旧版の刊行に対して、改めて日高徳迪氏（現 西田書店）に感謝を申し上げたい。

私が忘れかけていた本書を蘇生させたのは、平凡社の保科孝夫さんである。氏は尻込みする私に「虚心坦懐に読むように」促したが、学生時代の作文と向かい合うことは難しかった。それ以上に、旧版当時のように「見通し」を語ることができない現状に対する苦い認識で立ちどまってしまった。この時間の経過を考えるために、再刊も意味があるかもしれない。保科さんに感謝します。

二〇一七年四月

市村弘正

平凡社ライブラリー　既刊より

市村弘正……［増補］「名づけ」の精神史
市村弘正……［増補］小さなものの諸形態――精神史覚え書
杉田　敦 編……丸山眞男セレクション
藤田省三……精神史的考察
市村弘正 編……藤田省三セレクション
廣松　渉……廣松渉哲学論集
飯田　隆＋丹治信春＋野家啓一＋野矢茂樹 編……大森荘蔵セレクション
安丸良夫……日本の近代化と民衆思想
谷川恵一……言葉のゆくえ――明治二〇年代の文学
西郷信綱……古代人と夢
西郷信綱……古典の影――学問の危機について
林　達夫＋久野　収……思想のドラマトゥルギー
ルイ・アルチュセール……マルクスのために
ルイ・アルチュセール……再生産について 上・下――イデオロギーと国家のイデオロギー諸装置
長谷川　昇……博徒と自由民権――名古屋事件始末記
L・フェーヴル……歴史のための闘い